**끌어당기는
노트쓰기**

1판 1쇄 인쇄 2024년 8월 23일
1판 1쇄 발행 2024년 9월 2일

지은이 박혜정
발행인 김형준

책임편집 박시현·허양기·홍민지
마케팅 성현서
디자인 책은우주다

발행처 체인지업북스
출판등록 2021년 1월 5일 제2021-000003호
주소 경기도 고양시 덕양구 원흥동 705, 306호
전화 02-6956-8977
팩스 02-6499-8977
이메일 change-up20@naver.com
홈페이지 www.changeuplibro.com

ⓒ 박혜정, 2024

ISBN 979-11-91378-58-0 (13190)

체인지업북스는 내 삶을 변화시키는 책을 펴냅니다.

일러두기
본 책에 실린 사례들은 대부분 실제 사례로 개인정보가 노출되는 부분은 각색했다. 끌어당김 노트 쓰기의 실제 사례를 생생하고 담고 싶었기에 비속어나 비표준어를 그대로 실었음을 밝혀둔다.

내 삶을 변화시키는 가장 쉬운 성공 습관

부를 끌어당기는 노트 쓰기

《왓칭》 저자,
언론인 '김상운'
강력 추천!

박혜정 지음

계획과 실천의 '작동 방식'을 바꿔라!

경제적 자유를 향한 끌어당김 노트 백배 활용법

금융경제 전문가가 전하는 백만장자들의 비밀

체인지업
CHANGEUP

끌어당김 노트,
나의 세상을 바꾸다

이 책은 한마디로 10년 동안 오직 성공과 돈에만 관심 있었던 사람이 새로운 세계를 만나게 된 이야기다. 또한 깨달음을 얻고 싶고, 세상의 잣대와 시선을 초월하고 싶은 욕망, 그리고 자본주의 사회에서 보다 넉넉한 삶을 살고 싶다는 세속적인 욕망 사이에서 고민하며 방황해 온 이야기이기도 하다.

나는 정신분석학자도 아니고, 심리학자도 아니고, 더욱이 깨달은 자이거나 구루도 아니다. 그렇기에 그저 내가 경험한 얄팍한 경험치를 토대로 이를 생활 속에 적용해서 행복하고 더 나은 삶을 사는 데 도움을 받고 싶었던 나의 노력에 대해서만 이야기하려고 한다. 하지만 효과는 기대해도 좋다. 그간 나의 노력과 경험들은 각각의 정의를 정확히 이해하고 구분 지을 필요가 없는 사람들, 그저 더 가벼운 삶을 살고 싶어 하는 대부분의 보통 사람들에게는 분명 도움이 될 수 있다고 믿는다.

나는 신비로운 내 안의 존재를 만나고 싶었고 힘을 얻고 싶었다. 그리고 가벼운 삶을 살고 싶었다. 그래서 쓰게 된 것이 내 자신과의 대화 노트인 '끌어당김 노트'다. 이 노트는 내 안의 또 다른 나를 만나는 무의식 대화 노트로, 이 노트를 통해 나는 내가 모르던 진짜 나를 만날 수 있었다. 나를 깊게 이해할 수 있었고, 내 안의 큰 지혜와 잠재력의 도움으로 고민을 해결하거나 내가 원하는 미래를 만들어보는 데에도 큰 도움을 받고 있다. 무엇보다 노트 쓰기를 통해 나의 삶은 보다 가벼워졌고 행복해졌다. 그리고 오직 내 상황에서만 효과를 본 것이 아님을 증명하기 위해 수년간 관련 모임과 수업을 진행했고, 그 결과 누구에게나 적용 가능하다는 것을 확인할 수 있었다. 그 이야기를 책에 가득 담았다.

내가 큰 도움을 받았고, 그 과정이 행복했듯이 당신의 여정도 분명 그럴 것이다. 어쩌면 나의 이야기는 신비롭고 믿기 힘들 수도 있다. 하지만 최종적으로는 굉장히 실용적인 이야기라고 느낄 것이다. 신비로운 이야기를 믿고 좋아하면서도 경매와 재테크 같은 기술을 익히는 나의 모습이 거울처럼 당신의 모습이 될지도 모른다.

이제 당신 차례. 당신 안에 있는 또 다른 나를 만나는 신비롭고 놀라운 시간을 가져볼 준비가 되었는가? 보다 가벼운 삶을 살고 싶고, 원하는 삶을 창조하고 싶다면 잘 찾아 왔다. 매우 실용적이면서도 행복한 내 안의 진짜 나를 만나는 여정에 당신을 초대한다.

차례

7장 » 끌어당김 노트를 통한 일상의 변화

1장

내가 모르던
새로운 세상

내가 모르던
세상이 있었다!

나의 아이들은 휴대전화를 할 수 있는 시간이 매일 정해져 있다. 아이들은 타이머를 맞춘 뒤 휴대전화로 유튜브를 보거나 게임을 한다. 시간이 끝나 타이머가 울리면 아이들은 항상 이렇게 말한다.

"벌써 시간이 그렇게 됐다고?"

"엄마, 왜 게임을 하면 시간이 이렇게 빨리 가는 거야?"

시간은 상대적이다. 학창 시절, 지루한 수업 시간은 너무나 느리게 흘렀지만, 내가 좋아하는 스타의 콘서트에서 보낸 두 시간은 어떻게 흘렀는지 모를 만큼 순식간이었다. 모두가 이런 경험을 해보았을 것이다. 우리는 시계를 보며 시간은 더없이 정확하고 누구에게나 똑같다고 생각하지만, 우리가 느끼는 시간은 상대적이고 주관적이다. 아예 시간이 멈춘 것처럼 느껴질 수도 있다.

20대 후반 요가를 하고 있을 때였다. 그날도 거울이 정면으로 잘 보이는 맨 앞에 자리를 잡고 앉아 요가를 시작했다. 여느 날과 마찬가지로 명상부터 시작했다. 당시 나에게 명상 시간은 헐레벌떡 도착해서 숨을 고르며 동작이 시작되기만을 기다리는 아무 의미 없는, 그저 지루한 시간일 뿐이었다. 그런데 이날은 뭔가 이전과는 다른 느낌이 들었다.

내 몸이 사라지고, 시간은 멈췄다.

명상을 하는데 뭔가 의식이 또렷해지는 느낌이 들면서 내 몸이 사라진 것 같다는 생각이 들었다. 가부좌를 틀고 무릎 위에 손등이 닿도록 손바닥을 천장을 향해 놓았는데, 무릎 위에 놓인 손등의 감각이 느껴지지 않았다. 가부좌를 틀어서 뻐근했던 골반 쪽 근육의 느낌도 사라졌고, 꼿꼿하게 세우려고 노력했던 척추의 감각도 없었다. 평소에는 허리를 꼿꼿이 펴고 턱을 당기고 얼굴 근육을 펴느라 연신 노력했는데, 이 순간은 피부, 턱, 목, 허리 전체가 아무 느낌이 없어 자세를 고쳐 앉을 수도 없었다.

'앗, 내 몸이 사라졌어! 이게 어떻게 된 거지? 내 몸이 정말 없어진 거야?'

몸의 감각이 없어진 그 와중에 머릿속에서는 이런 생각이 들었다. 몸은 사라졌지만 의식은 아주 또렷했다. 내 몸이 사라진 그 자리에는 더 뚜렷한 정신적인 무엇인가가 자리를 틀고 있었다. 시간도 멈췄고,

나는 이 세상에서 사라져버렸다는 느낌. 두렵기도 했지만 매우 평온했고 행복감이 밀려왔다. 잠시 뒤 요가 선생님이 눈을 뜨라고 말했다.

'벌써 끝났어?'

평소 요가 전 명상 시간은 도통 잠재우려야 잠재울 수 없는 내 머릿속 온갖 잡생각을 구경하는 시간이었다. 몇 분의 짧은 시간이어도 늘 지루하고 느리게 흐르는 시간이었는데, 이날은 달랐다. 몇 초도 안 지난 것 같은데 벌써 끝났다니 놀라울 뿐이었다.

"이제 눈을 뜨세요."

선생님의 말에 눈을 떠야 하는데, 왠지 두려운 마음이 들었다. 눈을 뜨면 거울 앞에 앉아 있어야 할 내가 없을 것 같았기 때문이다. 육체가 사라졌다는 느낌이 들었으니 말이다.

'눈을 뜨면 내(육체)가 있을까?'

그런 생각을 하며 천천히 눈을 떴다. 다행히 거울 속에는 가부좌를 틀고 앉아 있는 내 모습이 보였다. 그리고 무릎 위에 얹어놓은 손등에서, 허리 근육과 내 몸 구석구석에서 피부의 감촉이 돌아왔다. 그날의 명상은 육체와 정신이 완벽하게 분리되어 있음과 시간의 왜곡을 절실하게 체험시켜 주었다.

그리고 시작된 요가 수업. 그날의 요가는 천국이 있다면 이런 느낌일까 싶을 만큼 행복한 시간이었다. 물론 그전에도 요가는 즐거웠다. 몸이 개운해지고 구석구석 건강해지는 것 같은 느낌을 항상 받았다. 하지만 이날은 완전히 달랐다. 내 몸이 마치 솜사탕이나 구름이 된 것 같았다. 너무 가벼워서 육체가 텅 비어 있는 것 같은 느낌이랄 까. 몸이 구름처럼 가벼우니 모든 동작이 하나도 힘들지 않았다. 한 동작, 한 동작을 수행할 때마다 짜릿한 행복감을 느꼈다.

'아, 이게 요가구나! 이 느낌이 이 자세의 완성인 것 같아! 이 완성 을 위해서 지금까지 요가를 한 것이었구나.' 하는 생각이 들었다. 유 난히 짧았던 요가 수업을 마치고 행복으로 가득 찬 나는 요가 선생님 께 달려갔다. 내가 겪은 오늘 일을 선생님께 빨리 알려주고 싶었다.

"선생님, 오늘 명상 시간에 제 몸이 사라지는 경험을 했어요. 그 리고 요가를 하는데 하나도 안 힘들고 몸이 너무 가볍더라고요. 정말 너무 신기했어요!"

나는 흥분을 감추지 못한 채 상기된 표정으로 이렇게 말했다. 그 런데 내 이야기를 듣는 선생님의 모습은 여전히 평온하고 무심했다. 선생님은 미소를 띠고 합장한 모습으로 내게 이렇게 답했다.

"회원님, 정말 좋은 경험을 하셨군요. 더 열심히 정진하세요, 나마 스떼!"

이렇게 무심히 답하고는 평소처럼 가버리는 것이 아닌가! 나는 선생님의 반응을 보고 다시 한번 놀랐다.

'뭐야, 이게 전혀 놀랄 만한 일이 아니란 거야? 그럼 선생님도 내 가 방금 느꼈던 기분을 경험해 봤다는 건가? 시간이 사라지고 몸이 사라지는 이런 경험을? 이걸 이미 다 알고 있었단 말이야? 근데 왜 지금까지 한 번도 이런 이야기를 해주지 않았던 거야?'

방금까지만 해도 신기함과 새로운 체험을 했다는 우월감에 취해 있던 나는 선생님의 무심한 반응을 보고는, 남들은 이미 다 아는 것을 나 혼자 이제야 경험하게 된 것 같은 기분을 느꼈다. 그런데 그렇게 호들갑을 떨다니, 왠지 바보가 된 것 같았다.

요가 수업이 끝나고 나는 곧바로 도서관으로 달려가 관련 책들을 찾아보았다. 내가 체험했던 이 느낌이 무엇인지 알고 싶었다. 이를 설명해 줄 만한 책들을 찾아보았는데 관련 책들이 너무 많았다. 요가를 한 지 10년 만에 처음 경험한 이 느낌을 다른 사람들은 이미 수백 년 전부터 경험해 왔던 것이다. 그 많은 책들을 보면서 나는 진짜 바보가 된 기분이었다.

그동안 책을 많이 읽은 편이라고 생각하고 있었는데, 이런 카테고리가 존재한다는 것도 처음 알았다. 명상과 마음공부, 불교 등과 관련된 카테고리에 쌓여 있는 수많은 책을 보며 내가 모르던 세상이 이렇게 오래전부터 존재하고 있었음을 새롭게 알게 되었다. 경제경영서에서 말하는 세상과는 전혀 다른 세상이 존재하고 있었던 것이다.

수행자가 되기엔
내 안의 욕망이 너무 커

그때 내 몸은 왜 사라졌을까? 그때 내가 느낀 뾰족하고 분명한 그 존재는 무엇일까?

관련 책을 찾아보면서 내가 체험한 그날의 경험에 대해 조금씩 이해할 수 있게 되었다. 에고^{ego}나 참 나$^{real\ me}$ 같은 단어를 알게 되었고, 심오한 정신(마음) 세계에 대해 흥미가 생겼다. 책 속에는 육체는 껍데기라는 둥 몸이 '나'라는 것은 착각이라는 둥 과거와 미래는 없고 오직 지금 이 순간뿐이라는 둥 심오한 이야기들이 가득했다. 내가 체험한 그날의 느낌을 대입하면 어렴풋하게 이해되는 부분이 있어 너무 재미있었다.

더욱이 나는 그전까지 부자되는 방법을 찾아 경제경영서를 읽고, 더 빠른 성장과 성공을 위해 자기계발서만 잔뜩 읽어왔던 터라, 명상이나 마음 관련 책에서 말하는 세상과 삶에 대한 이야기가 환상이나 이상처럼 다가왔다. 어떤 이야기들은 지금 살아가고 있는 이 자본주의 현실과는 너무 동떨어져 있는 느낌이었다. 어느 세상이 진리이고, 나는 어떤 방향에 맞춰 살아가야 할까? 새로운 세상을 알아가는 일은 재미있기도 했지만, 기존 세계관과 부딪히며 혼돈스럽기도 했다.

당시 나는 4년간 다녔던 은행을 퇴사하고 작가로서 데뷔를 앞두고 있었다. 처음으로 책이란 것을 쓰고 있었는데, 그 책은 다름 아닌 돈 이야기로 가득한 재테크 책이었다. 나의 하루 루틴은 아침에 일어나 요가를 하고, 바로 근처에 있는 맥도날드에 가서 맥모닝과 커피로 아침을 먹고, 책을 보거나 원고를 쓰는 것이었다. 야외 테이블에 앉아 햇빛을 받으며 지나가는 사람들을 관찰하거나 책을 읽는 것이 특히 좋았다. 신비로운 세상을 읽으며 평온한 기분에 흠뻑 빠져 있다가 고개를 들면 수많은 사람들이 바쁘게 출근을 하고 있었다. 책에서 고개를 들어 잠깐만 살펴보아도 주변은 온통 바쁜 사람들과 온갖 마케팅으로 가득한 광고판과 간판뿐이었다. 자본주의 세상 그 자체였다. 책 속 세상과 현실의 모습이 극명하게 대비되어 혼돈스럽기도 했다. 이런 혼란과 고민은 수년간 계속되었다. 나중에 이 고민을 배우 문숙 님을 만나 뵙는 자리에서 털어놓기도 했다.

"선생님, 명상이나 수련하는 책들을 읽어보면 삶의 목적은 돈을 벌고 성공하는 게 아닌 것 같아요. 지금 이 순간에 집중하고, 명상하며 수행하고, 지금 행복한 삶을 사는 게 목적이 되는 것이 맞다는 생각이 들어요. 그런데 또 현실을 바라보면 물욕이 생기고, 더 열심히 커리어를 개발하기 위해 분발해야 할 것 같고 조급함이 생기거든요. 돈을 버는 게 무의미하게 느껴지다가도 부자가 되어야 한다는 강한 욕망이 생기고요. 이 마음이 계속 반복되는 것 같아요. 도대체 어떻게 살아야 할까요?"

아주 오래된 기억이지만, 내가 기억하고 있는 문숙 님의 답변은 이랬다.

"충분히 그럴 수 있어요. 저도 젊을 때 그랬어요. 예쁜 옷을 사려고 비행기 타고 홍콩에 다녀오기도 했는걸요. 모든 게 다 자연스러운 거예요. 너무 고민하지 말고, 그때 드는 생각대로 그냥 자연스럽게 가면 돼요. 괜찮아요."

너무도 당연한 고민이라는 듯 평온한 표정으로 입가에 미소를 띠며 말씀하시는 모습에 내 얼굴에도 저절로 미소가 번졌다. 내가 이해력이 부족하거나 수련이 덜 돼서, 또는 멘탈이 약해 부화뇌동하는 것 같아 자책하기도 하고 내 자신이 부끄럽고 답답하기도 했는데, 이런 고민과 혼란이 아주 당연하고 거쳐가는 자연스러운 과정이라는 말씀에 마음이 편해졌다.

내게 일어나는 모든 일을 자연스럽게 받아들이는 것이 중요했다. 자책할 필요도, 슬퍼할 것도, 자만할 것도 없다. 지금 이 순간에 집중하고, 마음을 들여다보며 수시로 바뀌는 나의 욕망과 감정을 살펴보는 것(이성으로 욕망을 억지로 삭제하거나 변경하는 것이 아니다). 이 정도만 해도 상당히 수련을 잘하고 있는 것이라는 확신이 들었다.

자본주의를 덧입은
신비한 세상

그 이후 다시 자본주의 세상에 걸맞게 열심히 살아가야겠다고 다짐했다. 스님이나 수녀님이 되지 않는 이상, 우리는 속세를 떠날 수 없고 자본주의가 추구하는 것들에 둘러싸여 살 수밖에 없다. 이상적인 세상을 꿈꾸며 현실에 불만을 갖는 대신, 이 세상에서 더 잘 살아가기 위한 노하우를 얻는 쪽이 현명한 선택 아닐까? 때론 무의미해 보이는 돈을 위해 하기 싫은 일도 해야 하고, 고요하고만 싶은 나를 괴롭히는 사람들과 관계도 맺으며 살아가야 한다. 이 모든 일을 과정으로 여기고, 회피하는 대신 그 안에서 나를 더 성장시키고 수련할 수 있도록 노력해 보는 것이 현명한 태도라는 생각이 든다.

그때부터 나는 공부에 대한 부담감을 많이 내려놓았다. 배운 것을 실용적으로 내 삶에 적용하며 즐길 수도 있게 되었다. 책을 읽으면서 이해 안 가는 부분이 있으면 자책하는 대신, 내 식대로 자유롭게 해석하거나(책이 어려우면 아예 덮어버리기도 했다) 내 삶에 내 식대로 적용해 보았다. 지금까지 내가 경험하고 이해한 것을 내 방식대로 설명해 본다면, 우리 안에는 또 다른 존재가 있다. 이를 많은 책에서는 여러 단어로 설명하고 있다. 참 나, 진짜 나, 그림자, 내면아이, 잠재의식, 무의식, 우주 또는 종교적으로 신이라고 지칭하는 경우도 있다. 이를 뇌과학이나 심리학, 정신의학 방면으로 설명하기도 하고, 불교나 마음공부, 요가, 끌어당김의 법칙과 같은 자기계발식으로 풀기도 한다. 다양한 카테고리에서 각기 다른 방식으로 설명하고 있다.

당연히 이런 설명과 정의를 면밀히 따져보면 의미가 다를 수도 있고, 실제 다른 것을 지칭할 수도 있다. 하지만 나는 이들이 말하는 마음속 깊은 어떤 존재가 분명 공통된 부분, 겹치는 부분이 있다고 느낀다. 이를 개별적으로 나누거나 분류하고, 또는 경험 자체를 각기 구분하기란 참 어려운 일이다. 그래서 나는 이 책에서 이것들을 대략 하나로 묶어 표현하고 설명하려고 한다. 이는 자신이 무의식 속에 억눌러 놓은 상처, 즉 내면아이일 수도 있고, 사회에서 하면 안 된다고 강요해서 억눌러 놓은 참된 욕망일 수도 있다. '참 나, 진짜 나'라는 존재일 수도 있고, 거인의 힘을 가진 잠재력, 끌어당김의 법칙을 이뤄 주는 우주의 힘일 수도 있다.

자신을 더 잘 이해하고 받아들이기 쉽게 접근해 나가면서 다른 분야의 이야기까지 접목시켜 보는 노력을 하면 진짜 나를 찾게 되지 않을까? 나는 내가 느낀 무언가, 아주 또렷한 그 존재를 떠올리며 이를 설명하려고 노력했다. 내 경험상 그 존재와 만났을 때 육체에 대한 감각이 사라졌기 때문에 육체와 그 존재는 우리 몸 안에서 가장 멀리 떨어져 있는 것 같다는 생각이 든다. 육체와 감각은 가까이 붙어 있기 때문에 우리가 일상에서 몸을 느끼며(촉감, 행동) 살고 있는 상황에서는 내 안의 깊은 존재를 인식하기 어렵다. 명상이나 특별한 계기를 통해 그 존재와 가까워지면 그제야 육체나 감각과 멀어지게 된다. 이것을 정확히 설명하기는 어렵지만, 나는 분명히 그 존재를 인식하고 있다. 끌어당김 노트를 쓰면서부터는 그 존재를 더 완전하게 믿고 확신하게 되었다.

내 안의 또 다른 나와
시작한 대화

그즈음 내 생각을 노트에 풀어놓기 시작했다. 처음엔 머릿속을 가득 채운 생각들, 고민들, 수시로 바뀌는 주제들을 꺼내놓으면 머릿속 공간이 좀 여유로워지지 않을까 싶어 쓰게 되었다. 끌어당김 법칙의 효과를 더 잘 이뤄보고도 싶었다. 소원을 적어 정말 소원이 이루어지는지 시험해 보기도 했다. 때론 답답한 마음을 터놓을 곳이 없어 노트에 풀어내기도 했고, 남편과 싸운 후에는 남편 욕을 빼곡히 적기도 했다. 그러다 발견했다!

나도 모르던 생각을 내가 하고 있었다는 것을. 노트에서는 또 다른 나를 만날 수 있었다. 노트는 고민을 새로운 관점으로 바라볼 수 있게 해서 고민을 해결해 주기도 하고, 내가 미처 생각해 내지 못했던 방법이나 아이디어를 보여주기도 했다. 무엇보다 노트를 쓰면서 전혀 다른 나의 감정과 모습에 깜짝 놀라기도 했다. 내 안의 또 다른 나와의 대화가 시작된 것이다. 나는 이 노트를 '끌어당김 노트'라고 부르기 시작했다. 새로운 일, 번뜩이는 아이디어, 좋은 해결책을 끌어 당겨 달라는 바람을 담아서.

노트와 어느 정도 친해지자 내 안의 존재를 본격적으로 꺼내보는 시도를 시작했다. 친구에게 이야기하듯 대화를 시작하는 것이다. 오늘 내게 있었던 일을 그 친구에게 설명하고, 그때 느꼈던 내 감정과 속마음을 솔직하게 털어놓고, 내가 어떻게 하는 것이 좋을지 묻기도 했다. 누군가와 마주앉아 대화를 나눈다는 생각으로 글을 써내려갔다. 내가 먼저 말한 후(또는 질문하고), 내 안의 또 다른 존재가 그에 대한 대답과 생각을 내놓는 형식으로 글을 써내려갔다.

누구에게도 말하지 못한 속마음을 털어놓는 것만으로도 큰 위로가 됐다. 아마 다들 그런 경험이 있을 것이다. 아무리 가깝고 친한 사이라도 어떤 고민은 털어놓기 어려운 것들도 있다. 하지만 끌어당김 노트에서는 타인의 반응에 대해 걱정할 필요도 없고, 그 후에 벌어질 수 있는 일들에 대해 고민할 할 필요도 없었다. 온전히 솔직할 수 있었다. 그렇게 쓰다보면 생각지도 못한 내 모습이 불쑥 튀어나와 당황스럽기도 했다.

'내가 이런 생각을 갖고 있었다고?'

내 안에 숨어 있던 날것의 감정들은 때론 너무 못나고 유치해서 민망하고 부끄러울 때가 많았다. 치부를 들킨 것 같을 때도 많았다. 이 노트를 나 혼자 본다는 사실이 다행일 정도였다. 하지만 이렇게 내면을 온전히 드러내놓고 나면 엄청난 위로를 받은 기분이었다. 내 감정을 토해내고, 그 감정을 내 자신에게 인식시켜 주는 것만으로도 분노나 증오 같은 부정적 감정이 많이 사그라든다는 것을 알게 되었다. A 사건 때문에 화난 줄 알았는데, 노트를 쓰다 보니 A 사건과는 전혀 무관했던 어린 시절 기억이나 경험, 또는 B라는 사건이 진짜 원인임을 발견하기도 했다. 문제의 근원이 보이기 시작한 것이다. 이렇게 근본 원인을 깨닫고 나니, 현재의 문제점이 금방 해결되었다.

노트 쓰기를 통해 이렇게 긍정적인 경험을 많이 하면서 나와의 대화가 기대되기 시작했다. 나 자신과의 대화이든 타인과의 대화이든 좋은 대화를 하기 위해서는 솔직하게 마음을 털어놓고, 좋은 질문이 필요하다는 것도 알게 되었다. 대화가 잘 되는 상대를 만났을 때를 생각해 보면 된다. 우린 그런 상대 앞에서 속마음을 술술 털어놓고, 즐겁게 대화하며, 행복한 기분을 느끼지 않는가. 노트 쓰기가 잘 되는 날은 그런 기분이 들었다. 물론 대화가 잘 되지 않는 날도 있었다. 글을 쓰다가 어느 순간, 무슨 말을 할까 말문이 막혀버리기도 하고, 노트를 다 썼는데도 기분이 좋아지지 않은 적도 있었다. 글로 정리된 고민과 문제들을 눈으로 보면서 더 큰 답답함을 느끼기도 했다.

이렇게 대화가 안 되는 날은 노트를 덮었다. 다음번 대화를 기약

하면서 생각을 끊는 것이다. 이런 식으로 하다보니 이젠 누구보다 나 자신을 잘 아는 존재를 친구로 둔 것 같은 기분이 든다. 노트를 쓰며 또 다른 나와 대화하는 시간이 기다려지고 기대된다. 그렇게 끌어당 김 노트와 나는 소울메이트가 되었다.

무의식에
이름 지어주기

무의식은 또 다른 나다. 육체와 의식적인 나와는 분명 다른 존재다. 어느 날, 나는 이 무의식에 이름을 붙여주고 싶었다. 이름을 붙여줌으로써 독립된 존재로 인정하고 싶었다. 어떤 이름을 지어줄까 고민하다가 너무 생소한 이름은 나와 분리된 느낌이 들 것 같아 친근한 이름을 붙이기로 했다. 그 이름이 바로 '소피아.'

사실 나는 '소사장소피아'라는 유튜브 채널을 운영하고 있기 때문에 '소사장님'이나 '소피아님'으로 불리고 있었다. 소피아는 나의 세례명인데 영어로는 '지혜'라는 뜻이 담겨 있다. 나의 무의식은 나보다 지혜로운 존재가 분명하니 더없이 잘 어울리는 이름이다.

"소피아!" 하고 크게 불러보았다. 항상 들어왔던 이름이지만 막상 내 스스로가 내 무의식의 이름을 부르니 웬일인지 마음이 울컥했다.

"내가 그의 이름을 불러주었을 때, 그는 나에게로 와서 꽃이 되었다." 라는 김춘수의 유명한 〈꽃〉이라는 시처럼 말이다. 그저 이름을 불렀을 뿐인데, 내 안의 그 존재가 너무나 또렷하게 느껴져서 목이 메고 눈물이 흘렀다. 이렇게 커다란 존재에게 이제야 이름을 붙여준 것이 미안할 지경이었다.

무의식은 내 안의 또 다른 나이자 무한한 지혜와 앎과 경험이 담겨 있는 존재다. 나를 위로할 수 있는 존재이고 누구보다 나를 이해해 줄 수 있는 존재다. 그러니 인생을 살면서 계속 도움을 줄 내 인생의 동반자이자 친구다. 무의식에게 이름을 붙여주고 난 뒤부터 나는 끌어당김 노트에 질문을 쓸 때마다 무의식의 이름을 먼저 부른다.

'소피아, 나 지금 너무 힘들어. 어떻게 하면 좋을까?'

그러면 소피아가 위로해 주고 답을 준다.

'많이 힘들겠다. 많이 아프지? 이렇게 해보면 어때?'

무의식에 이름을 짓고 확신하게 되었다. 그 존재는 정말 내 안에 있었다는 것을. 그것도 나와 떨어지지 않고, 부르면 언제든지 나올 준비를 한 상태로 말이다. 난 소피아와 좋은 관계를 맺고 의지하면서 남은 삶을 더 지혜롭고 행복하게 살아내고 싶다.

2장

진짜 나를 만나는
소중한 시간

끌어당김 노트로
얻은 것

나는 끌어당김 노트를 쓰면서 많은 도움을 받았고 좋은 효과를 봤다. 끌어당김 노트로 어떤 도움을 받고 어떤 효과를 얻을 수 있을까?

첫째, 자기인식 및 이해를 높일 수 있다(메타인지). 나에게 일어났던 일들을 기록하고 정리하면서 나의 진짜 내면의 생각과 속마음을 명확하게 볼 수 있다. 또한 이런 행동과 감정을 인식하고, 그 원인을 이해함으로써 내가 어떤 욕구를 지녔고, 나는 어떤 사람인지 나 자신에 대해 더 잘 알 수 있다.

둘째, 상황에 대해 제삼자의 관점으로 볼 수 있다(객관적 관점). 자신 안에서 바라보던 관점을 바깥으로 이동시켜 상황에 대해 객관적인 시선으로 바라볼 수 있게 된다. 이를 통해 새로운 관점을 얻을 수 있으며, 타인에 대한 이해도가 높아진다. 관점 변화로 상황이 해결될 가능성이 많다.

셋째, 공감과 위로를 받을 수 있다(치유). 마음에 쌓여 있는 감정이나 스트레스를 글로 표현하는 그 과정 자체에서 스트레스가 풀리는 경험을 할 수 있다. 나에 대해 알아주고 공감해 주면서 큰 위로를 받을 수 있다. 또한 무의식 속에 억눌려 있던 나쁜 기억, 아픈 감정과 고통을 인식함으로써 그것을 자연스럽게 외부로 흘려보낼 수 있다.

넷째, 원치 않는 반복되는 삶에서 벗어날 수 있다(근본적인 문제 해결). 내 감정의 근본 원인을 발견할 수 있게 되고, 원인을 알게 되면서 이를 해결할 수 있는 힘과 방법이 생긴다. 그리고 이 해결 방법은 근본적인 해결법이기 때문에 원치 않게 반복되는 상황을 종결시킬 수도 있다. 자신의 감정 패턴을 파악할 수 있기 때문에 이런 현실을 파악하는 데에도 도움이 된다.

다섯째, 생각의 전환을 통한 새로운 가능성이 생긴다(지혜의 샘). 당연하다고 여겼던 부분에 대해 의심하고 질문함으로써 자신의 오래된 고정관념을 발견하고 바꿀 수 있다. 생각을 전환함으로써 이전과는 다른 해결책이 보이기도 한다. 이를 통해 이전과는 다르게 행동하고, 그로 인해 나의 상황이 달라질 수 있다.

여섯째, 내 안의 놀라운 능력을 만난다(잠재력 발휘). 내 안의 엄청난 지혜와 잠재력을 만날 수 있다. 내가 생각지도 못한 아이디어나 새로운 생각들이 튀어나오면서 내 안의 든든한 조력자가 있음을 알게 된다. 그래서 새로운 도전과 시도를 할 수 있는 용기가 생긴다.

일곱째, 내가 원하는 삶을 만들어갈 수 있다(끌어당김의 법칙 적용, 원하는 삶 창조). 좋은 감정과 방향을 유지하는 데 도움이 되고, 자신이 가고자 하는 방향을 긍정적으로 상기시키며 행동할 수 있게 된다. 따라서 자신이 원하는 삶을 의심하지 않고 더 잘 상상할 수 있다. 끌어당김의 법칙을 적용하는 데 효과적인 도구가 되는 것이다.

끌어당김 노트
쓰는 법

끌어당김 노트는 여러 가지 용도로 활용할 수 있다. 크게는 두 가지로 나눌 수 있는데, 해결 방법 모색과 치유가 그것이다.

먼저 해결 방법 모색은 상황을 해결하고 싶거나 내가 원하는 삶을 살기 위한 방법을 알고 싶을 때 상황을 직시하고 질문하면서 좋은 아이디어를 끄집어내기 위한 목적이다. 어떤 갈등 요소가 있을 때 이를 해결하기 위한 방법을 구하거나 새로운 도전을 위해 구체적인 방법을 묻기도 한다. 내 안의 잠재력을 꺼내는 시간이고, 새로운 희망을 그리며 상상하는 행복한 시간이 되기도 한다.

또 하나의 큰 목적은 치유다. 답답하고 힘든 상황이 닥쳤을 때 내 마음을 스스로 치유할 수 있다. 반복적으로 떠오르는 나쁜 기억과 감정들을 고백하고, 이 근본 원인이 무엇인지 깊게 내면으로 들어가보는 것이다. 과거의 기억으로 들어가다 보면 지금까지 잊고 있었던(무의식에 억눌러 놓았던) 기억을 발견할 수 있다. 너무 어렸고 순수했고 미숙했던 아프고 어린 나를 안아주고, 진심으로 위로해줌으로써 스스로를 치유할 수 있다. 현재의 고통과 걱정도 노트를 통해 덜어내면서 가벼운 삶을 살 수 있다.

해결 방법 모색과 치유의 목적이 다 담긴 노트 쓰기도 있다. 목적에 따라 쓰는 방법이 조금씩 다르기도 하다. 무엇보다 중요한 점은 내가 원하는 것을 끌어내기 위한 '핵심 질문'을 하는 것이다. 좋은 질문이 좋은 답을 끌어낸다. 이 질문에는 정답이 없고, 상황에 따라 질문은 달라질 수 있다. 그래서 여러 번 시도하고 연습해야 한다. 앞으로 보여줄 끌어당김 노트의 여러 사례를 보면서 자신의 노트 쓰기에 적용해 보길 바란다. 자, 그럼 이제 끌어당김 노트를 함께 써보자.

'쭉' 써내려가기

여기에서 포인트는 '쭉' 쓰는 것이다. 노트를 쓰기로 마음먹은 사건이나 감정 상태가 있을 것이다. 이에 대해 토해내듯 가감 없이 쓰는 것이다. 내가 풀어내고 싶은 감정이나 고민, 사건, 인물, 그와 있었던 일을 거침없이 쓴다. 설명하고 이야기하는 느낌보다는 감정을 분출하고 봇물 터지는 듯 말하는 것이 중요하다. 만약 내가 너무나 억울한 일을 당했다고 치자. 친한 친구에게 하소연할 때 감정이 터져 나오지 않는가. 딱 그런 느낌이다. 내 이야기가 봇물 터지듯 나오기 때문에 글씨 쓰는 속도가 내 감정을 따라가지 못할 정도가 될 수도 있다. 그래서 맞춤법도 엉망이 되고 글씨가 날아가기도 한다. 이를 고치려고 멈추면 안 된다. 멈추지 말고 끝없이 말을 쉬지 않고 뱉어내듯이 줄줄 써내려가는 것이 포인트다. 멈추지 않고 쉬지 않고 '쭉' 쓴다는 것을 의식하면서 써보길 바란다.

왜 그렇게 해야 할까? 나의 감정이 티끌만큼도 남지 않고 끝까지 나올 수 있게 하기 위해서다. 더 깊은 감정과 생각을 끄집어내기 위해 중간중간 질문을 하는 것도 매우 유용하다. 글을 쓰는 과정에서 수시로 이렇게 묻는 것이다.

"그때 기분은 어땠어? 감정은? 더 말해 봐."

"그때 어떤 생각이 들었어?"

"왜 그런 행동을 했어?"

내 스스로 더 깊은 속마음을 이야기할 수 있도록 끊임없이 질문한다. 더 이상 내 안에 어떤 감정과 생각도 남아 있지 않을 때까지, 더 이상 분출할 감정이 없을 만큼 질문하고 답변한다. 어떤 감정이든 상관없다. 증오, 분노, 슬픔, 불안, 걱정, 행복, 기쁨, 떨림, 사랑 무엇이든 좋다. 간단하게 요약하지 말고, 감정을 풍부하고 과감하게 써내려간다.

출간 기획안을 보냈는데 출판사에서 답변이 왔다.

두근대는 마음으로 메일함을 열었더니!! 오예, 계약하자고 한다! 메일을 읽자마자 얼마나 흥분되던지 "야호!" 하며 주먹을 불끈 쥐었다. 드디어 작가가 되는 것이다! 내가 꿈에 그리던 작가가 되다니! 내 책이 나온다니! 우아, 너무 감격스럽다. 나의 첫 단계 꿈이 이뤄졌다. 이제 열심히 글을 써서 멋진 책을 낼 수 있도록 최선을 다해야지. 나는 무조건 베스트셀러 작가가 될 것이다!

팀장이 오늘도 또 나를 괴롭혔다.

팀장이 오늘은 "일 좀 제대로 해. 이번에도 승진 안 할 거야?"라고 말했다. 그 말을 듣는데, 정말 머리끝까지 열이 나고 화가 뻗쳤다. 어떤 일에도 집중할 수가 없었다. 자기 일까지 다 나한테 시키고, 집중해서 일 좀 하려고 하면 불러내고. 회식도 참석해야 하는데 요즘 몸 상태가 말이 아니다. 나쁜 놈! 진짜 마음 같아서는 팀장 얼굴에 사표를 던져버리고 싶다. 그러고는 나한테 미안했는지 저녁에 맛있는 거 사준다고 해서 오늘도 집에 밤 12시가 다 돼서 왔다. 집도 먼데 피곤해 죽겠다. 맨날 잠잘 시간이 부족하다. 좋은 상사 만나는 것도 복이라는데···. 휴, 일은 해

도 해도 쌓이기만 하고, 팀장은 자기 스트레스를 나한테 풀고, 정말 이
상황이 답답하다.

에피소드와 감정을 쏟아내다 보면, 맞춤법도 엉망이고 욕이 나오
거나 정리되지 않은 글을 쓸 수도 있다. 그러나 이 단계에서는 우선
상황과 감정을 최대한 종이에 꺼내 풀어놓아야 한다. 이 단계에서 많
은 단어들이 나와줘야 다음 단계에서 좋은 효과를 얻을 수 있다. 상
황을 쓸 때는 드라마 작가처럼 배경과 대사, 상대의 표정, 나의 감정
까지 아주 자세하게 쓴다. 다른 사람이 볼 때 그 장면이 생생하게 재
현될 수 있게 말이다. 감정을 쓸 때는 소설가처럼 내가 느낀 감정을
더 풍부하게 써본다. 증오나 분노가 있다면 더 끌어내보고, 기쁨이나
행복한 감정도 최대로 표현해 보자.

수강생들을 만나면서 남성이 여성에 비해 감정 표현에 많이 서툴
다는 것을 알게 되었다. 끌어당김 노트에 몇 줄 쓰지 못하는 남성들
을 정말 많이 봤다. 남성들은 어릴 때는 물론이고 군대, 직장, 사회에
서 감정 표현을 억압당해 왔다. 남들 앞에서 쉽게 우는 것은 못난 것
이고, 감정을 거침없이 드러내는 것 역시 나약함을 표현하는 것이라
배웠다. 어린 시절에도 감정을 솔직히 나타내면 어른들로부터 "남자

가 뭘 그런 걸 갖고 울어?"라든가 "남자가 그러면 안 되지." "남자답게 씩씩하게!" 하는 식으로 감정을 억압당해 왔다. 그렇게 어른이 되면 자신의 감정을 표현하기보다는 억눌러놓는 게 익숙해진다.

끌어당김 노트를 쓸 때 이 첫 단계에서 충분한 감정과 생각이 나오지 않으면 끌어당김 노트의 효과를 보기가 어려워진다. 만약 감정을 충분히 표현하기 어렵다면 노트 쓰기의 다음 단계로 넘어가기 전에 자신의 감정을 풍부하게 쏟아내는 것부터 연습해 보자.

공감하고 알아주기

쏟아져 나온 감정과 느낌은 충분히 알아주고 공감해 주어야 한다. 이를 받아주는 말들은 다음과 같다.

그랬구나.

힘들었겠구나. 많이 힘들었지?

아팠겠구나.

많이 속상했겠다.

화가 많이 났겠네.

수고 많았어. 고생했어.

괜찮아.

다 털어놔 봐.

사람은 공감받고, 누군가 자신을 이해해 준다고 느끼는 순간 마음이 풀린다. 은행원이었던 시절 CS(고객만족) 교육을 받을 때 배우는 것은 고객 불만 사항이 접수될 경우 '고객의 상황에 공감을 표시하고 감정을 알아주는 일'이었다. 분노를 표출하고 화를 내는 고객의 민원을 듣고, "그건 이런 이유에서 그런 것입니다. 그러니 이렇게 해드릴게요."라고 말하거나 "이건 은행 잘못이 아니라 고객님이 잘못하신 거예요." 같이 공감이 빠진 대응은 상대의 화를 더 돋운다. 이런 말대신 "많이 당황하셨겠어요. 많이 불편하셨겠습니다. 아, 저라도 너무 화가 났을 것 같아요." 하고 상대의 감정에 공감해 주는 것이 먼저다. 그 후 해결책을 제시해 주어야 한다. 이렇게 하면 화를 내던 고객도 갑자기 감정이 누그러지면서 목소리가 낮아진다. 은행원 시절 수도 없이 경험한 일이다.

그런 상황들을 겪으면서 나는 공감받는 일에는 나이가 없다는 것을 알았다. 나보다 나이가 훨씬 많은 어른이라도 내면에는 아기가 살고 있다. 가까운 사이이든 나와는 아무 관계 없는 사람이든 자신의 감정을 이해받는 일이란 정말 큰 위안이자 위로다.

끌어당김 노트를 통한 공감과 이해는 스스로를 토닥이고 위로하는 방법이다. 노트를 쓰면 타인에게 공감받으려고 노력하지 않아도 되고, 스스로도 충분한 효과를 얻을 수 있다. 스스로에게 '너 참 힘들었겠구나. 괜찮아.'라는 글자를 쓰는 순간 눈물이 북받치는 경우를 나는 나를 포함하여 수도 없이 보아왔다. 우리 모두는 공감이 필요하다. 그리고 위로받고 싶다. 하지만 딱 맞는 타이밍에 이런 위로와 공감을 줄 상대를 만나기는 쉽지 않다. 더욱이 어떤 고민은 속마음까지 털어놓기 어려운 경우도 있다. 용기를 내서 털어놓았는데 비난이나 잔소리를 듣거나 훗날 나의 약점으로 돌아오는 경우도 있다. 이럴 땐 마음에 더 큰 상처가 남는다. 끌어당김 노트 쓰기를 통해 내 안에 쌓인 감정과 이야기를 시원하게 쏟아낼 수 있고, 그로 인해 공감받고 위로받을 수 있다면 그것만으로도 노트를 쓸 이유는 충분하다.

팀장이 오늘은 "일 좀 제대로 해. 이번에도 승진 안 할 거야?"라고 말했다. 그 말을 듣는데, 정말 머리끝까지 열이 나고 화가 뻗쳤다. (중략) 휴, 일은 해도 해도 쌓이기만 하고, 팀장은 자기 스트레스를 나한테 풀고, 정말 이 상황이 답답하다.

→ 공감해 주기: 많이 힘들겠다. 화도 났겠어. 잘해보고 싶은데 계속 일만 쌓이고, 일 못한다는 소리만 듣고. 정말 속상하겠다. 많이 힘들지?

감정을 더 끌어내기 위한 질문도 할 수 있다.

그때 기분이 어땠어?

그때 심정을 표현해 봐.

그때 어떤 생각이 들었어?

질문을 통해 마음속 깊은 곳의 감정이 터져 나온다면 다시 '공감'
해 주고 그 감정을 '알아주고 이해해준다.'

그랬구나, 많이 서운했겠네.

많이 속상했겠다.

이렇게 나의 감정 알아주기를 실제로 해보면 얼마나 큰 위로가
되는지 깜짝 놀랄 것이다. 이것이 바로 에고를 잠재우는 데 가장 중
요한 '알아차림'의 시작이다. 내 감정을 알아줌으로써 그 감정이 스
스로 흘러가버리듯 사라지는 것을 느끼게 될 것이다. 분노에 가득 차
서 끌어당김 노트를 쓰기 시작했는데, 감정을 토해내고 나면 한 발
뒤로 물러서서 상황을 객관적으로 바라보게 된다. 감정의 흐름을 따
라가다 보면 노트를 다 쓴 후에는 내 감정 상태가 전혀 다른 모습으
로 바뀌어 있음을 알게 될 것이다.

사실과 감정 구별하고 의심하기

문제를 해결할 때 객관적으로 상황을 파악하는 것이 중요할 때가 있다. 일상에서 어떤 갈등이나 문제가 일어나서 이를 해결하기 위해 끌어당김 노트를 쓸 때는 이 단계가 필요하다. (경우에 따라서는 이 단계를 생략해도 된다.)

어떤 사건에 대해 경위와 생각, 감정을 다 쏟아낸 후 노트를 잠시 덮는다. 한번 감정을 쏟아냈으니 잠시 숨을 고르는 것이 좋다. 화장실을 다녀와도 좋고, 차나 와인 한 잔 마시는 것도 좋다. 분위기를 전환하고 다음으로 넘어간다. 스트레칭을 한번 하거나 잠시 산책을 다녀오는 것도 추천한다. 마음이 한결 가볍고 침착해졌음을 느꼈을 때 다시 노트를 펼쳐 3단계로 넘어가 보자.

3단계는 다시 처음부터 제삼자의 관점으로 노트를 읽어나가면서 '사실'과 '감정'을 나눠서 표시하는 것이다. 두 가지 색의 펜으로 표시해도 좋고, 사실은 밑줄, 감정은 동그라미를 쳐도 된다. 편한 방식으로 감정과 사실을 한눈에 쉽게 구별할 수 있도록 표시한다. 어떤 내용은 감정인지 사실인지 애매모호할 수도 있고, 또 어떤 것은 감정과 사실이 혼합되어 있을 수도 있다. 정답은 없으니 더 가깝다고 느껴지는 쪽에 표시한다.

〈수강생의 사례〉

20xx. 10. 7

오늘 최 대리 때문에 너무 화가 났다. 최 대리가 이번에도 나에게 보고도 하지 않은 채 일을 처리하는 바람에 문제가 생겼다. 나중에 상황을 알게 되고 뒤늦게 수습하려니 더 어렵고 열이 받았다. 팀장님은 나한테 책임을 물었고, 난 최 대리가 보고도 없이 저지른 것을 무슨 수로 컨트롤하냐며 억울함을 토로했지만, 팀장님은 그 역시 나의 리더십의 문제라며 나를 나무랐다. 이번이 벌써 세 번째다.

분명 저번에 최 대리를 불러서 어떤 것이든 일을 처리할 때는 나에게 먼저 보고해야 한다고 말했는데, 이번에 또 이런 일이 벌어진 것이다. 좋게 충분히 이해할 수 있을 만큼 설명한 것 같은데 이번에도 나를 무시했다. 크게 화를 내볼까 하다가도 앞으로 계속 봐야 하는데 불편할 것 같아 참게 된다. 내가 상사인데 왜 아랫사람 눈치를 봐야 하는지 이런 내 성격도 답답하다. 이번 일이 일어나고 나서 최 대리를 불러 다시 말했다. 다음부터는 항상 보고를 먼저 하고 일을 해야 한다고. 그랬더니 알겠다며 바로 쌩 하고 가버렸다. 앞으로 이런 일이 또 생길까 걱정이다. 과장이 되니 내 업무뿐 아니라 아랫사람 업무까지 책임져야 하니, 내가 이 자리에 맞지 않는 건지, 너무 버겁다.

사실은 밑줄로, 감정은 형광펜으로 표시했다. 이렇게 감정과 사실을 구분하는 것만으로도 상황이 꽤 단순화되었고, 객관적인 시선으로 바라볼 수 있게 되었다. 이제 '사실' 부분만 다시 읽어보면 상황을 제삼자의 시선으로 볼 수 있다. 상황을 객관적으로 봄으로써 이를 받아들이고 냉철한 해결책을 찾는 데 도움이 된다.

그다음엔 감정으로 표시한 부분을 검증할 차례다. 질문을 통해 진짜 나의 감정이 상황을 제대로 보고 느꼈는지, 너무 나 혼자만의 생각에 빠져 과장한 것은 아닌지 살펴보는 것이다. 그리고 난 뒤에는 나 그리고 또 다른 나와의 대화 시간이다. 객관적으로 상황을 다시 인식하기 위해 도움되는 질문을 던진다.

정말이야?

사실이야?

진짜야?

질문을 하고 곰곰이 생각해 본다. 제삼자의 관점, 또는 상대의 입장에서 생각해 보면 더 큰 도움이 된다. 이 질문을 적용해 다시 노트 쓰기를 해본다.

좋게 충분히 이해할 수 있을 만큼 설명한 것 같은데 이번에도 나를 무시했다.

사실이야? 이전에 충분히 이해할 수 있는 정도로 설명한 게 정말 사실이야? 최 대리가 정말 충분히 이해할 수 있었을까?
그 정도 설명했는데 이해를 해야지. 난 정말 충분히 설명했다고 생각해.

너를 무시한 게 사실이야? 이 행동이 진짜 너를 무시한 게 맞아?
자기도 뭔가 화가 나서 그냥 가버린 것 같기도 해. 나를 무시해서 그랬다기보다는 자기도 속상하니까 그런 것 같기도 하고.

다시 한 번 집요하게 사실 여부를 물어보았다. 내 마음속을 더 깊게 파보는 것이다.

100퍼센트 진짜야?
예외 없이 진짜야? 1퍼센트의 예외도 없이?

수강생들과도 많이 시험해 봤지만, 정말이냐는 나의 질문에 대부분은 정말 그렇다고 답한다. 그때 다시 한번 100퍼센트, 예외 없이 그렇냐고 물어보면 그때는 그렇지 않다고 답한다.

남편은 항상 나를 비난하고 무시한다.

진짜야?

맞아. 정말 그래.

100퍼센트 진짜야? 정말 항상 100퍼센트 그렇다고? 예외 없이?

칭찬할 때도 있긴 하지. 100퍼센트면 어떻게 같이 살아. 그렇진 않으니까 지금까지 참고 산 거지.

진짜냐고 계속 질문하다 보면 예외도 있고, 진짜가 아닌 부분을 발견하기도 한다. 수강생들에게 이런 질문을 계속 하다보면 답변이 점점 바뀌는데, 그 모습에 다들 빵빵 터진다. 이를 통해 내가 너무 한 쪽에 치우쳐서 그게 전부인 것처럼 생각하고 있었다는 것을 알게 된다. 또 어떤 것들은 '사실'이지만, 어떤 건 사실이 아닌 그저 나의 선부른 생각이거나 선입견 또는 오해였을 수도 있다는 사고의 전환이 일어나기도 한다. 이 과정을 거치면 한 발 떨어져서 객관적으로 상황을 바라볼 수 있게 된다. 상황이 다르게 보이기도 하고, 새로운 관점이나 올바른 해결책이 나오기도 한다. 새로운 관점이나 생각이 발견되면 또 이를 붙들고 계속 질문을 이어가본다.

그렇게 생각한 이유는 뭐야?
그렇게 행동한 진짜 속마음은 뭘까?
이렇게 행동하는 근본적인 원인은 뭘까?

최 대리가 너를 무시했다고 생각한 이유는 뭐야?

최 대리는 나랑 비슷한 시기에 입사했어. 하지만 내가 조금 더 빨리 입사했고, 운도 따라서 프로젝트를 받는 기회가 조금 더 많았어. 그래서 최 대리보다 내가 먼저 과장으로 승진했지. 사실 그게 최 대리한테 약간 미안하기도 해. 그래도 난 최 대리가 나를 축하해 주길 바라는 마음도 있었는데, 축하해 주지 않더라. 그래서인지 나를 상사로 인정하지 않는 것 같아. 보고도 하지 않고 이런 일이 생기니까 나를 무시한다고 생각한 거야.

최 대리 기분은 어떨까?

나랑 거의 비슷하게 입사했는데 내가 자기보다 더 빨리 진급하니까 화도 나고 질투도 날 것 같아. 상사가 된 동기랑 같이 일하면서 지시받는 것도 자존심이 상할 거야. 내가 하는 말이 최 대리에게는 자신을 하대한다고 들릴 수도 있을 것 같아.

위 예시는 내 강의를 들은 수강생의 실제 사례다. 계속된 질문을 통해 그 수강생은 입사 동기에 대한 분노에서 그를 이해하는 마음으로 생각이 바뀌었다. 상황을 객관적으로 바라보니 먼저 승진한 동기를 보고 상대가 느낀 패배감이나 속상함을 이해할 수 있었고, 타인에게는 나의 모습이 잘난 척하는 것으로 보일 수도 있음을 알게 된 것이다. 이 과정을 통해 그 수강생은 상대방을 더 배려하게 되었고, 서로 허심탄회하게 대화함으로써 서로 오해를 풀고 좋은 관계로 갈 수 있는 발판을 마련했다.

나 역시 노트를 쓰면서 이런 변화의 과정을 겪었다. 처음에는 단순해 보이는 이런 질문으로 분명 사실이라 믿었던 내 감정과 생각이 그저 나만의 해석이고 시각이었다는 사실을 알게 된 순간, 정말 충격을 받았다. 수강생들도 똑같이 놀란다. 방금 전까지만 해도 진짜라고 믿었던 감정과 느낌과 생각들이 아니기도 하고, 내가 오해한 것이기도 하고, 다르게 이해되는 부분이 있다는 게 보이기 시작하기 때문이다. 그들은 이런 과정을 통해 상황이나 상대를 다른 관점에서 객관적으로 바라보게 된다. 상황을 폭넓게 인식하기 시작하면 문제의 근본 원인, 핵심 내용이 보이는 경우가 많다.

내가 놓쳤던 나의 진짜 속마음과 본모습을 발견하기도 한다. 나만의 생각이거나 나만의 시각으로 그렇게 바라봤을지도 모른다는 사실을 알게 되면, 외부에 원인이 있었다고 여겼던 문제가 사실은 내 안에 있다는 것을 알게 된다. 그러면 해결의 실마리가 쉽게 잡힌다. 문제 해결이 내 손에 달렸음을 발견하면 이 세상 모든 문제도 풀 수 있을 것만 같은 기분이 든다. 그때의 기쁨은 잊을 수가 없다.

내가 원하는 현실 들여다보기 – 해결책과 액션 플랜

끌어당김 노트 쓰기는 좋은 질문을 하는 것이 핵심이고, 결국 내가 원하는 상황을 창조해 내는 것이 목표다. 내가 쓴 문장들을 쫓아가면서 내 생각을 계속 의심해 보고, 새롭고 객관적인 관점으로 상황을 바라보면서 국면 전환을 위한 질문을 해보는 것이다. 그런 뒤에는 내가 원하는 상황을 그려보거나 내가 원하는 것이 무엇인지 물어본다. 그리고 이를 위해 내가 할 수 있는 행동은 무엇인지 질문하면서 생각해 본다.

그래서 네가 원하는 상황은 뭐야? 어떻게 되면 좋겠어? 뭘 원해? 어떤 상황? 어떤 반응? 어떤 마음?

'어떻게' 하면 될까? 무슨 방법이 있을까? 이를 위해 너는 무슨 행동을 '할 수' 있을까?

상황의 주체가 나임을 알고 질문해야 한다. 그리고 행동을 통해 내가 원하는 미래를 만들어간다는 걸 알아야 한다. 단, 내가 원하는 상황을 적을 때는 구체적이고 상세하게 묘사한다. 이때는 이성이 아닌 감정으로 작성한다. 그동안 경험적으로 본 것이나 머리로 아는 방법을 나열하거나 불가능할 것 같다는 생각에 떠오르는 느낌이나 감정을 막지 말라는 뜻이다. 우선은 솔직하게 자신이 원하는 상황을 그려본다. 그리고 이를 이루기 위한 방법에 대해 질문한다. 그러면 나의 지혜로운 조력자가 질문에 대한 방법을 찾아내려고 노력할 것이다. 나의 무의식을 믿어보자. 다양한 아이디어, 구체적인 해결 방법이 불현듯 튀어나올 것이다. 내 안의 무의식에서 자연스럽게 나오는 대답이 이성적으로 생각해서 억지로 짜낸 답보다 좋은 경우가 많다. 하지만 처음엔 이미 이성적으로 옳다고 생각한 답, 타인의 모습이나 사회 규범을 통해 내가 알고 있던 뻔한 답이 나오는 경우가 많을 것이다. 그러다가 점점 내가 생각하지 못했던 신선한 답이 나오는 순간을 만나게 된다. 계속 써보면서 연습해 보자.

이 해결 방법이 정말 제대로 된 답인지 판별하는 법은 나의 '감정'을 살펴보는 것이다. 진짜 똑 떨어지는 답이 나왔을 때에는 마음이 개운하고 기분이 좋다. 하지만 억지로 애써서 인위적으로 도출한 해결책은 다 쓴 후에도 뭔가 찝찝하고 개운하지 않다. 이럴 때는 노트 쓰기를 멈추고 노트를 덮어야 한다. 그리고 질문을 다시 마음속에 담고 때때로 상기시켜 보는 게 좋다. 그러면 불특정한 상황에서 문득 답이 떠오르는 경우가 많다. 나의 무의식에게 답을 알려달라고 부탁해 놓은 셈이니 내 안의 또 다른 내가 계속 답을 찾고 있었던 것이다.

때론 구체적인 해결 방안이 나오는 대신, 그 상황을 보는 관점이 달라짐으로써 저절로 문제가 해결되는 경우도 있다. 결국 이 상황을 '문제'이자 '고민'이라고 판단한 사람은 바로 나 자신이기 때문이다. 내가 문제라고 '인식'했기 때문에 나에게 '문제'가 된 것이다. 내 생각이 상황을 문제로 인식한 것이라는 사실을 깨달으면 상황은 그대로이지만 그 상황이 더 이상 내게 문제가 되지 않는다.

이처럼 다양한 방식으로 내가 원하는 상황이 만들어지거나 마음의 짐을 덜 수 있는 관점의 변화가 이뤄진다. 내 안의 무한한 능력과 지혜가 발휘되는 순간을 마주하게 되는 것이다.

여기서 주의할 점이 하나 있다. 해결 방법으로 타인이 변하는 것을 도출해 내는 경우가 종종 있는데, 내가 할 수 있는 방법을 찾아야 한다. 예를 들어 친구와의 갈등 상황을 적는 노트에서 친구가 잘못을 깨닫고 변하는 것이 해결책이라고 적는 것은 피해야 한다. 물론 친구가 저절로 바뀌어주면 너무 좋겠지만, 그럴 확률은 너무 낮다. 이렇게 해결 방법이 외부에 존재한다고 여기면 상황은 쉽게 바뀌지 않는다. 이럴 때는 '친구가 자기 잘못을 알고 바뀌게 하려면 내가 어떻게 해야 할까?'라고 질문해야 한다. 항상 '내'가 '바로' 할 수 있는 것을 질문해야 한다. 내 삶을 창조하는 자는 나이니까 말이다.

✧ 끌어당김 노트 쓰는 법 ▸

1. 쭉 써내려가기

   사건과 감정과 생각을 멈추지 않고 토해내듯 써서 내 안의 깊은
   감정과 무의식 끌어내기.

2. 공감하고 알아주기

   – 공감하고 알아주는 행위를 통해 상처는 치유되고 위로받는다.
   억눌린 감정이 풀어지면서 기분이 정화될 수 있다.

   – 분위기 전환 시간을 갖는다.

3. 사실과 감정 구별하고 의심하기(상황의 객관화)

   – "진짜? 100퍼센트 사실이야?" 같은 질문을 통해 상황 인식이
   바뀌고 타인을 이해할 수 있게 된다.

   – 객관적으로 상황을 바라볼 수 있게 되면서 해결책을 발견할 수
   있다.

   – 내 고민의 진짜 원인과 이유를 발견할 수 있다.

4. 내가 원하는 현실 들여다보기(해결책과 액션 플랜)

   – 내가 바라는 상황과 마음과 상대의 반응을 적고, 질문을 통해
   내가 할 수 있는 액션 플랜을 찾는다.

   – 이를 위해 '가능한' 나의 행동은 무엇일까?

   – 행동 또는 관점의 변화를 통해 내가 원하는 현실과 가까워진다.

끌어당김 노트를 위한 추천 질문 ▶

더 깊은 감정과 생각을 끄집어내기 위한 질문

- 그때 기분은 어땠어? 감정은? 더 말해 봐.
- 그때 어떤 생각이 들었어?
- 왜 그런 행동을 했어?
- 그때 심정을 표현해 봐.

객관적으로 상황을 다시 인식하는 데 도움이 되는 질문

- 정말이야?
- 사실이야?
- 진짜야?
- 100퍼센트 진짜야?
- 예외 없이 진짜야? 1퍼센트의 예외도 없이?

새로운 관점이나 생각이 발견된 후에도 계속 던져야 하는 질문

- 그렇게 생각한 이유는 뭐야?
- 그렇게 행동한 진짜 속마음은 뭘까?
- 이렇게 행동하는 근본적인 원인은 뭘까?

액션 플랜을 위한 질문

- 그래서 네가 원하는 상황은 뭐야? 어떻게 되면 좋겠어? 뭘 원해? 어떤 상황? 어떤 반응? 어떤 마음?
- '어떻게' 하면 될까? 무슨 방법이 있을까? 이를 위해 너는 무슨 행동을 '할 수' 있을까?

내가 주인공인 세상,
내 식대로 해석할래!

당신과 나의 세상은 다르다. 우리는 각자 자신의 감각으로 세상을 인식하고 있다. 먼저 우리는 각자의 시각, 청각, 후각, 미각, 촉감 등으로 세상을 인식한다. 그리고 이런 감각은 완벽하지 않다. 우리는 빛을 통해서 세상을 보는데, 인간이 볼 수 있는 빛은 고작 가시광선 범위에 속하는 빛이다. 인간은 여기에 속하는 빛만을 인식할 수 있다. 눈을 통해 뇌에 신호를 보내고, 뇌가 이를 '해석'한 대로 '인식'하는 것을 우리는 '본다'라고 한다. 우리가 익히 잘 아는 자외선이나 적외선 등은 존재하고는 있지만 우리 눈으로는 볼 수 없다. 그런데 일부 동물과 곤충은 자외선을 감지할 수 있다고 하니, 인간의 시각은 일부 곤충보다도 더 작은 범위를 인식할 수 있는 수준인 것이다. 청각, 미각, 후각, 촉각 역시 결코 완벽하다고 할 수 없으니, 우리는 각자의 상대적인 감각을 통해 자신의 세상을 보고 느끼고 있는 것이다.

여기에 우리의 경험이 반영되어 세상을 인식하게 된다. 자신이 경험했던 것에 따라 같은 매개체라도 전혀 다르게 '인식'하고 '해석'한다. 우리의 세상은 지극히 사적이고 주관적이다. 나는 이를 알게 된 후 이런 생각이 들었다.

'내가 인식한 대로 세상을 보고 있는 거라고? 내가 보는 세상과 다른 사람들이 보는 세상이 다른 거였네? 그럼 이제 내 맘대로 내 세상을 받아들이고 해석하면 되는 거 아냐?'

이전까지는 이상적인 세상을 꿈꾸며 그 세상과 현실의 차이로 고통스러워했다. 현실에 불만스러웠고, 불평불만이 생겼고, 현실과 이상과의 차이가 클수록 불행은 더 커졌다. 유독 나에게만 힘든 세상 같다며 신세한탄을 하기도 했다. 그런데 이 모든 것이 내가 그렇게 '인식'했기 때문일 수 있겠다는 생각이 든 것이다. 내가 불평하고 있는 상황을 어느 누군가는 풍요롭거나 충분히 만족스럽다고 '인식'하고 있을 것이다. 실제 현실이 아닌 인식의 차이로 우리는 세상을 다르게 받아들이고 있는 것이다.

훗날 마음공부 커뮤니티를 운영하면서 다른 사람들의 사례를 들으며 나는 이를 더 절실히 깨달았다. 각자 자신이 처한 상황을 설명하며 그로 인한 고민과 불만을 이야기하는데, 들어보면 굉장히 주관적인 해석이 들어가 있고, 자신만의 프레임에 갇혀 세상을 왜곡해서 보고 있는 경우가 많았다. 삼자가 되어서 보니 정확하게 보였다. 하지만 그 세상 안에 갇혀 있는 자신은 이를 알아차리기 어렵다. 그렇다 보니 자신에게 공감해 주지 않거나 예상치 못한 반응을 보이는 사람들의 모습에 실망하게 된다. 결국 자신의 불행한 세상은 지속된다. 그걸 깨달으면서 나는 내 삶이 더 행복하려면 어떻게 해야 하는지 알게 되었다.

첫째, 세상은 내가 인식한 것임을, 그리고 내가 인식하는 모든 것이 완벽하지 않다는 것을 인정해야 한다. 시각, 청각, 미각, 촉각 등의 정보 수집 구역에서 들어온 모든 정보는 완벽하지 않고, 아주 일부의 주관적인 정보일 뿐이며, 이조차 뇌의 해석을 통해 왜곡되어 '인식' 되고 있다는 것을 기억하자. 나의 완전하지 못함과 오류를 인정함으로써 우리는 앞으로 새로운 견해나 아이디어를 수용하고 받아들일 수 있는 오픈 마인드를 가질 수 있다.

둘째, 내가 인식한 것을 의심해 봐야 한다. 이 상황을 다르게 받아들이는 사람을 상상해 보는 것도 도움이 된다. 내 생각에 의심을 품고 다시 살펴보면 같은 상황이어도 다르게 받아들일 수 있다는 것을 알게 된다.

셋째, 어떻게 볼 것인가를 내가 결정해야 한다. 좋고 나쁜 것, 억울하고 힘든 것을 다르게 생각해 볼 수 없을까? 내가 어렸을 때, 우리 집이 경매로 넘어간 일이 있었다. 건물주에서 한순간에 단칸방으로 이사를 가야 하는 상황이 되었다. 부모님께서는 엄청 상심하셨고, 우리에겐 희망이 없어 보였다. 하지만 나는 이제 지긋지긋한 빚 독촉 전화를 안 받아도 되고 이자 갚느라 버거워하지 않아도 된다는 생각에 속이 후련하고 좋았다. 돈은 앞으로 벌면 된다고 생각했다. 이런 상황이 나에게는 큰 동기부여가 되어서 의지가 활활 불타올랐다. 이제야 홀가분하게 제대로 출발선에 설 수 있을 것 같았다.

어떤 상황이든 그것을 판단하는 주체는 바로 나 자신임을 기억하자. 내가 그 상황을 더 긍정적으로 인식할 수 있는 능력이 있다는 것을 알면 나의 세상은 훨씬 나아질 수 있다. 주도적이고 주체적인 방법이니 마음에 병도 안 생긴다.

나의 세상이다! 내 식대로! 나의 세상을 보자!

내 삶의 최상의 시나리오가
고작 이 정도라니!

우리는 자기 자신을 잘 안다고 생각하지만 끌어당김 노트를 쓰다보면 '나에게 이런 모습이? 내가 이런 생각을 하고 있었단 말야?' 하고 놀라기도 하고, '나에게 이런 욕망이?' 하면서 생각하지 못했던 모습을 확인하게 되는 경우도 있다. 내가 몰랐던 나의 모습에 당황스럽기도 하고 창피하기도, 신기하기도, 재미있기도 하다.

마음쌀롱 참여자분들과 이야기를 나누다 보면 자신은 욕심이 별로 없는 사람이라고 말하는 경우가 종종 있다. 그래서 특별한 목표도 없고 그냥 지금 이대로도 만족한다고 말한다. 그런데 노트를 쓰면서 살펴보면 자신의 내면에는 분명 욕망이 있는데, 이를 억누르고 있는 경우가 많았다. 왜 자신의 욕망을 숨기는 걸까? 괜한 욕망을 가졌다가 이루지 못한다면 더욱 불행할 것이라고 생각하기 때문이다. 또는 돈을 벌기 위해서는 지금보다 더 노력(고생)해야 하는데, 그렇게 하기는 싫거나 자신이 없기 때문이다. 일종의 자기를 방어하고 보호하는 행위다. 그래서 욕망을 줄이고 적당한 선에서 타협한다. 물론 나도 그렇다.

어느 날 책에서 본 대로 '내 삶의 최상의 시나리오'라는 것을 작성해 본 적이 있다. 아무 제한도 제약도 없고, 다 이룰 수 있다고 가정해 보고 내 삶에 대한 최상의 시나리오를 적어본 것이다. 쓰기 전에는 무척 기대가 됐다. 분명 엄청난 스케일의 환상적인 내용이 나올 것이라 생각했다. 그런데 막상 써보니 그렇지 않았다.

'고작 이거야? 내 인생 최상의 시나리오를 썼는데 이렇게 밖에 안 나온다고?'

드라마에 나오는 부잣집 주인공이 누리는 삶보다도 못한 내용이었다. 어차피 나만 보는 나의 상상이고, 내 마음껏 써보면 되는데도 자꾸 현실적인 제약을 생각하고, 실현 가능성을 판단하려는 내 모습을 보게 되었다. 고작 이 정도가 내가 상상할 수 있는 내 삶의 최상의 시나리오라는 사실에 충격을 받았다. 나의 한계를 나 자신이 만들고 있음을, 나의 욕망도 그동안 참 많이 억누르고 있어서 쉽게 펼치기도 어렵다는 걸 그때 절실히 깨달았다.

물론 꿈을 꾼다고 모두 이뤄진다는 보장은 없다. 이런 글을 쓰는 행위가 삶에 구체적인 도움이 될지도 불확실하다. 게다가 이상과 현실의 간극이 클수록 더 불행하다는 것도 잘 알고 있기에 굳이 환상을 키울 필요가 있을까 하는 생각도 든다. 하지만 그런 현실적인 생각을 모두 거두고 내 삶을 상상해 보고 직접 써본다는 사실 자체에 의미가 있다. 나의 생각과 한계를 확인해 보는 것은 그 자체로 정말 가치 있는 일이다.

꿈은 크게 꿔야 크게 이룰 수 있고, 바라는 것은 모두 이룰 수 있다는 달콤한 자기계발식의 환상을 심어주려는 건 아니다. 하지만 우리 삶의 최고의 시나리오에 대한 글은 꼭 한번 써보라고 권하고 싶다. 자기 자신을 더 잘 알 수 있고, 스스로를 한계 짓고 있는 모습을 확인해 볼 수 있는 계기가 될 것이다. 내가 짓는 나의 한계, 내가 두려워하는 제약들을 알게 된다면 이를 이겨내고 나의 가능성을 확장시키는 데 도움을 받을 수 있을 것이다. 결국 우리는 우리가 생각한 대로 살게 되는 것이기에 내 생각을 확장시키지 못한다면 나의 삶도 확장되지 못한다.

욕망의
끌어당김 노트

우리는 모두 더 나은 삶을 살 수 있는 자격이 있다. 우리는 현재의 삶에 감사하는 마음을 갖고 현재에 충실하되, 더 나은 삶에 대한 희망을 버리지 말아야 한다. 지금부터 내가 숨기고 있는, 또는 모르고 있었던 욕망이 없는지 살펴보자. 욕망의 끌어당김 노트는 분야를 세분화시켜 각 주제별로 자세하게 써내려 갈 수 있다. 여기에선 '자산'에 대한 예시를 보여주려 한다. 예시를 보고 '커리어' '건강' '인간관계' 등 다양한 욕망의 끌어당김 노트를 작성해 보길 바란다.

먼저 지금 자신의 자산 상황에서부터 시작해 보자. 소원 쓰기와는 조금 다른 방식이다. 보통 자기계발에서 꿈 노트를 쓰거나 소원 쓰기 같은 것을 해보면 대부분 '100억 부자, 건물주, 스포츠카, 경제적 자유, 세계여행, 무한한 돈…' 같은 단어들을 나열한다. 현실과는 너무

나 괴리감이 큰, 무엇부터 시작해야 할지 도저히 감도 잡히지 않는 꿈부터 나열하기 시작하는 경우가 많다. 하지만 우리는 현실과 가까운 욕망부터 꺼내 이를 이뤄가면서 자신이 만들어놓은 제약을 하나씩 무너뜨리는 경험을 해보려고 한다. 그 과정을 통해 자연스럽게 꿈이 커지고, 자신이 바라는 꿈을 전적으로 믿을 수 있도록 말이다.

그럼 집부터 시작해 보자. 자신이 원하는 집에 대한 욕망을 끌어내고 구체화하기 위해 지금 살고 있는 집의 모습부터 자세히 작성해 본다. 평수, 방 개수, 교통편, 직장과의 거리, 인테리어, 장점, 단점, 가구, 가전제품 등 아주 세세하게 작성하면서 질문을 통해 나의 숨겨진 욕망을 끌어내 보자.

OO시 OO구, 27평 신축 빌라 전세, 3층, 방3, 화장실1

교통편-버스정류장이 집 앞에 있음. 지하철역은 도보로 20분, 직장까지의 거리 1시간 반.

가구&인테리어 - 안방에는 침대와 행거와 커튼이 있고, 거실엔 TV, 식탁, 의자, 냉장고, 에어컨이 있음. 작은 방엔 아이 책장과 아이 옷 서랍장, 장난감장이 있고, 남은 방엔 책상과 책장, 옷장, 캐리어 등 짐들이 있음. 옷이나 장난감 등이 많이 널브러져 있음.

위 예시보다 더 풍부하고 자세하게 쓰면 좋다. 누군가 내 이야기만 듣고도 스케치를 할 수 있다는 상상을 하면서 묘사해 보자. 집에 대해 자세하게 썼다면 이제 다음 질문에 답해본다.

이 집의 좋은 점은?

햇볕이 잘 든다. 신축이라 깨끗함.

이 집의 아쉬운 점은?

화장실에 창문이 없어서 냄새랑 곰팡이 위험. 직장과의 거리가 좀 더 가까웠으면 좋겠다. 주차장 부족. 수납 공간 부족.

갖고 싶은 가전제품 또는 가구는?

책이 온 사방 돌아다니고 있다. 책장이랑 식기세척기, 독립된 수면을 위한 아이 침대와 공부할 수 있는 책상 필요.

더 나아졌으면 하는 집의 모습은?

인테리어가 더 예뻤으면 좋겠다. 커튼이랑 침구의 색상이 통일되고, 침구는 항상 예쁘게 정리되어 있으면 좋겠다. 아이가 커서 이제 아이 방을 제대로 정리해 주고 싶다. 나만의 공간도 있었으면 좋겠다. 책 읽고 글도 쓸 수 있는 서재 공간이 있었으면 좋겠다. 다음엔 30평대 아파트로 가고 싶다. 여유로운 지하 주차장도 부럽다.

자연스럽게 현실적인 상황이 떠오르겠지만, 작성할 때는 우선 내가 바꾸고 싶은 것이나 갖고 싶은 것을 자유롭게 꺼내보려고 노력한다. '내 월급에서 이만큼이나 욕심내도 될까?' 하는 생각이 드는 순간, 나의 욕구는 바로 자취를 감춘다. 우리는 늘 현실적인 상황을 염두에 두면서 타협하고 선택해 왔기 때문에 이전에 상상하지 않았던 욕구를 드러내기는 결코 쉽지 않다.

예를 들어 스타일러가 있으면 좋겠지만 없어도 지금까지 잘 살아왔고, 또 내 형편에 무슨 스타일러야? 하는 생각이 드는 순간, 없어도 된다라는 결론이 나는 것이다. 그렇기 때문에 질문을 할 때 '갖고 싶은 게 뭐야?'라고 묻는 대신 '더 나아졌으면 하는 것, 개선하고 싶은 건 뭐야?'라고 바꿔서 질문해 보길 추천한다. 그러면 심리적 저항이 줄면서 조금 더 쉽게 답이 나온다. 이렇게 계속 작성하다 보면 내가 사실은 이런 것도 원했구나, 이런 욕망이 있었구나, 사실은 원했지만 내가 괜찮다고 억누르고 있었구나, 욕망을 포기하고 있었구나 하는 사실을 깨닫게 된다. 막연한 질문에서는 나오지 않던 욕구가 행동 습관, 가구, 제품처럼 구체적으로 디테일하게 계속 질문해 보면 그때 숨겨진 욕망이 튀어나오는 것이다.

자산을 시작으로 커리어, 외모, 생활에 대해서 자세하게 파고들면서 자신의 욕망을 적어보자. 두리뭉실하게 쓰지 말고 어떤 성공을 꿈꾸는지, 어떤 외모를 갖고 싶은지, 어떤 생활을 하고 싶은지 묻고 답한다. 이렇게 반복해 보면 세세한 부분에 대한 나의 숨겨진 욕망을 굉장히 자세하면서도 적나라하게 확인할 수 있다.

성공한 사람들의
문제 해결 방법

어떤 사람들이 성공한 사람들일까? 나는 많이 행동하는 사람들이라고 생각한다. 행동을 통해서 경험하고 배운 것들이 쌓여서 결국 성공하고 부자가 되는 게 아닐까? 그래서 성공한 사람들과 수많은 자기계발서에서 항상 실천과 행동을 강조하는 것이다. 그럼 왜 많은 사람들이 행동하지 못할까? 두려움 때문이다. 행동하고 도전할 때 마주하게 될 문제들에 대한 두려움, 문제를 해결할 수 없을 것 같은 내 능력에 대한 불신, 실패했을 때 내가 느낄 실망감, 잃게 될 돈이나 시간…. 그렇다면 성공한 사람들은 이런 두려움이 없을까? 어떤 특별한 능력이 있길래 끊임없이 도전하고 행동으로 옮길 수 있는 걸까?

이들에게도 분명 두려움은 있을 것이다. 다만 이들이 가진 특별한 능력 한 가지는 문제를 마주할 용기가 조금 더 있다는 점이다. 성공한 사람들은 행동을 많이 하는 사람들이고, 이는 문제를 계속 해결해 나가는 사람들이라는 뜻이다. 대부분의 사람들은 문제를 마주하고 싶어 하지 않는다. 그래서 애초에 도전하거나 실행하지 않는 경우가 많고, 문제에 직면했을 때도 최대한 회피하고 싶어 한다. 다른 사람에게 떠넘기거나 다른 핑계를 대며 상황을 모면할 궁리만 하는 것이다. 하지만 성공한 사람들은 문제에 부닥쳤을 때 그것을 마주보고 해결 방안을 적극적으로 찾는다.

그렇게 방법을 찾아 문제를 해결하는 성공의 경험을 하게 되면 이런 패턴에 자신감이 생긴다. 더 이상 문제를 두려워하지 않고 문제가 생기면 해결하면 되다고 생각한다. 이런 경험들이 많아지면서 노하우도 쌓이고, 다시 도전하게 만들고, 그런 도전과 실행력이 계속 성공을 불러오는 것이다.

나는 한때 성공한 사람들이 운 좋고 빽 좋은 사람들이라고 생각했다. 하지만 승승장구하고 별 어려움 없이 성공한 것 같은 사람들을 들여다보니, 어려움이나 문제가 없었던 사람은 단 한 명도 없었다. 큰 성공을 경험한 사람들은 항상 얘기한다. 여기까지 오는데 소송을 수없이 당하고, 사기도 당하고, 나쁜 사람들도 참 많이 상대했다고 말이다. 보통 사람들이 한 번만 경험해도 크게 당황하고 힘들어할 만한 일들을 수없이 마주하고 해결해 가며 온 것이다. 그런 이야기들을 털어놓는 그들의 모습은 덤덤해 보인다. 그런 시행착오는 아주 당연한 것이며, 이를 극복하고 해결해 온 것 또한 특별한 일이 아니라고 생각하는 것이다. 그런 그들을 보면서 그들이 돈이 많고 운이 좋아 어떤 문제든 쉽게 성취할 수 있었던 것이라는 생각을 버렸다. 그들도 처음부터 그렇진 못했을 것이다. 어떤 문제를 마주해도 무심할 수 있기까지는 수많은 문제를 하나씩 해결해 온 작고 소박한 성공 경험이 무수히 많았을 것이다. 어떤 대단한 일도, 어떤 대단한 사람도 그들의 시작점으로 돌아가보면 우리와 별반 다르지 않았을 것이다. 하나씩 문제를 해결해 나가면서 지금의 모습이 된 것이다.

우리라고 못할 이유가 없다. 문제를 마주볼 용기부터 가지면 된다. 문제를 피하지 않고 해결하기 위한 방법을 찾으려고 한다면 그들이 해냈듯 우리도 해낼 수 있다. 문제를 해결하기 위해서는 먼저 문제가 무엇인지 꺼내고 이를 객관적으로 바라봐야 한다. 감정에 치우치는 대신 이성적으로 문제의 근본 원인을 냉철하고 정확하게 바라볼 수 있어야 한다. 그리고 그 해결책이 내 안에 있음을 믿어야 한다.

불만 리스트 만들기

내가 쓴 노트를 소개해 보려 한다. 당시 내가 갖고 있었던 문제를 해결해 나가는 모습이 고스란히 담겨 있다.

그때 나의 고민은 답답한 상황과 남편에 대한 원망이었다. 늦가을에 아이를 출산하고, 바로 겨울이 왔기 때문에 갓난아이를 데리고 밖에 나가기에는 찬바람이 무서울 때였다. 그래서 나는 항상 아이와 함께 집에만 있어야 했다. 집에 승용차가 한 대 있었지만, 때마침 남편이 요식업을 시작해서 가게를 막 오픈한 시기였고, 승용차로 출퇴근해야 하는 곳에 위치해 있어서 차는 매일 남편이 사용 중이었다. 그러니 나는 더 발이 묶인 것 같은 느낌이 들었다.

남편은 항상 밤늦게 집에 돌아오곤 했는데, 그러다 보니 하루 종일 갓난아이를 보고 어린이집에 안 다니는 다섯 살 첫째 아이까지 육아하면서 대화다운 대화도 해보지 못한 채 남편만 기다려야 했다. 남편이 퇴근해 오면 오늘 나의 고단함을 토로하며 남편과 대화를 하고 싶었다. 하지만 남편은 나와 따뜻하게 대화할 만한 마음의 여유나 체력이 없었다. 사업 초기였기 때문에 투입 자금이 많았고, 시행착오를 겪고 있는 불안한 상황이었으니 말이다. 매출도 들쭉날쭉했고, 인건비나 재료비 등의 지출 계산도 경험이 없어 정확히 예측하기 어려운 상황이었다. 그렇기 때문에 수입이 있더라도 다음에 쓸 비용이나 투자금을 생각해야 했다. 항상 자금 상황이 불안할 수밖에 없었다. 그래서 생활비는 그때그때 꼭 필요한 것 위주로 남편에게 받아 썼다.

결혼 직후부터 항상 맞벌이를 했기 때문에 생활비를 받아 쓰는 생활을 해본 적 없었던 나는 이런 상황이 굉장히 낯설고 답답하게 느껴졌다. 아이들을 위해서 쓰는 건 괜찮았지만 나 자신을 위해 돈을 쓰는 것은 왠지 미안한 마음이 들고 눈치가 보였다. 남편이 힘들게 늦게까지 일해서 벌어오는 돈인데 더 아끼고 절약해야 한다는 생각이 가득했다. 이렇게 돈을 쓸 때마다 고민을 하게 되니 돈을 써야 하는 상황이 오면 점점 더 스트레스를 받았다.

돌아보면 당시 남편도 새로운 사업을 시작하고 둘째 아이도 태어났기 때문에 가장으로서 책임감이 막중했을 것이다. 그런데 생각처럼 사업이 잘되지 않으니 정신적으로나 체력적으로도 많이 힘들었을 것이다. 하지만 그때의 나는 남편의 이런 부분까지 배려할 여유가 없었다. 나도 답답하고 우울했기 때문이다. 나의 힘듦을 토로하면서 이를 잘 들어주고 위로해 주는 남편을 기대했지만, 남편은 자기도 힘들다는 이야기만 했다. 우리는 자신의 힘듦을 위로받기만 원하는 대화를 이어나갔다. 남편의 모습이 점점 실망스러워졌고, 집에만 갇혀 있는 내가 점점 무능력해지고 바보가 되는 것 같은 느낌이 들었다. 돈 쓰는 것도 짜증났다. 그렇다고 일을 다시 시작할 수도 없었다. 아이 둘 육아를 어떻게 한단 말인가.

이대로는 가슴이 터져버릴 것 같았던 나는 끌어당김 노트를 펴서 글을 써내려가기 시작했다. 제일 먼저 남편 욕이 튀어나왔다. 그간 한 번도 입 밖으로 뱉어내지 않았던 수많은 욕과 원망 섞인 말들이 쏟아져 나왔다. '어떻게 나한테 이럴 수가 있지? 하루 종일 갓난아이 돌보며 자기만 기다리고 있는 사람한테 따뜻한 위로 한마디는커녕 도리어 자기가 짜증을 내고 있잖아. 내 하소연 하나 받아주지 못해서 자기가 더 힘들다는 이야기만 하는 못난 사람⋯,' 별의별 욕과 원망이 다 튀어나왔다. 어느 정도 감정을 쏟아내자 마음이 조금 풀렸다. 이렇게 감정을 쏟아낸 후, 현재 상황에 대한 불만을 하나하나 냉철하게 적어보기로 했다. 정말 적나라하고 유치하기도 한 불만들이 줄줄 나왔다.

🖊️ **현재 나의 불만사항**

남편이 내가 힘든 걸 몰라준다. 따뜻한 위로의 말이 없다.

내겐 지금 차가 없고, 날이 추워서 밖에 나가기 힘들어 답답하다.

하루 종일 집에만 있으니 대화 상대도 없고 답답하다.

육아와 살림이 100% 내 몫이 되었다.

생활비를 받아 쓰다보니 돈 쓰는 데 눈치가 보인다.

돈을 달라고 할 때마다 뭐에 쓰는지 물어보면 짜증난다.

내가 돈을 벌지 못해서 남편의 수입에만 기대야 하는 현실···.

답답한 상황에 직면해 있다면 현재 갖고 있는 불만을 다 뽑아내서 적어보자. 이때는 사회적 기준, 옳고 그름의 판단을 모두 거둔 채 솔직하고 적나라하게 작성하는 것이 중요하다. 노트 쓰기는 진짜 내 속마음을 꺼내는 것이 포인트이기 때문이다. 나는 이것을 '불만 리스트'라고 부른다. 불만 리스트를 작성하는 것만으로도 나를 답답하게 하는 이 상황이 객관적으로 눈앞에 정리된 느낌이 들 것이다. 이제 문제가 되는 불만들이 나왔으니, 이를 해결해 보자.

문제를 해결하고
돈까지 벌다

불만 리스트를 쭉 적고나면 감정을 추스르고 분위기 전환을 위해 차 한 잔 타오거나 자리에서 일어나 약간의 시간적 공백을 주는 것이 좋다. 마음에 휴식을 주는 것이다. 그리고 나서 불만 리스트의 내용을 하나하나 살펴본다. 이때에는 감정을 추스르고 삼자의 입장에서 객관적으로 보도록 노력해야 한다. 내가 쓴 불만 리스트를 다시 살펴보면 감정적으로 쏟아낸 내용도 보이고, 내 잘못도 보이고, 반성해야 할 부분도 보일 것이다. 어떤 것은 다시 봐도 너무 억울하고 화가 나기도 할 것이다. 이를 다시 체크해 가면서 이제 질문을 한다. 어떤 질문을 하느냐는 정해져 있지 않지만, 가장 좋은 답을 끌어낼 수 있는 질문은 다음과 같다.

정말 그래? 진짜야?

어떻게 되길 원해?

어떻게 하면 할 수 있을까?

이런 질문을 통해 감정을 다스리면서 상황을 좀 더 객관적으로 바라
보는 것이다.

✏️ 남편이 내가 힘든 걸 몰라준다. 따뜻한 위로의 말이 없다.

진짜야? 정말 그래?

생각해 보니 전혀 위로가 없는 건 아니야. 가끔 힘들겠다고 말해주기도
했어. 그런데 내가 생각하기엔 부족했던 것 같아. 지금 남편 상황이
힘드니까 여유가 없다는 걸 알긴 아는데 서운한 마음이 드는 건 어쩔 수
없네. 우리 서로가 힘들다는 것을 잘 알고 있고, 남편은 분명 내가 힘든
걸 알고 있어.

이렇게 쓰고 나니 나쁜 감정이 줄고 상황을 이해하게 되면서 마
음의 여유가 생겼다.

내겐 지금 차가 없고, 날이 추워서 밖에 나가기 힘들어 답답하다.

차가 없으면 밖에 못 나가? 방법은 뭐가 있을까?

지금은 날이 너무 추우니까 대중교통을 이용하기에는 둘째가 너무 갓난아기
야. 꽁꽁 싸매서 나가기도 귀찮고 힘드니까 나갈 엄두가 안 나는 것 같
아. 하지만 이번 겨울만 지나면 봄부터는 애기 데리고 잘 다닐 수 있겠
지. 한두 달만 지나면 해결될 수 있는 부분이네. 자연스럽게 해결될 문
제야!

하루 종일 집에만 있으니 대화 상대도 없고 답답하다.

대화할 사람을 찾아볼 수 없을까? 답답함을 풀 수 있는 방법은 없을까?

유튜브를 다시 시작해야겠어. 열심히 소통 창구로 활용해 봐야겠어. 유튜
브에 내가 하고 싶은 이야기를 풀어내면 스트레스가 줄 것 같아. 친구들한
테 전화를 해도 되겠지. 남편에게도 대화 시간을 갖고 싶다고 더 요구
해 보자. 그럼 내 얘기를 들어줄 사람이야. 남편 쉬는 날에 함께 산책
도 하고 좋은 시간을 갖자. 이런 구체적인 행동과 연결될 수 있는 이야기
를 남편에게 분명하게 말하고 요구하자.

이런 내용을 쓰고 유튜브를 시작했다. 갓난아기가 잠든 시간을 활용해서 하고 싶은 말들을 유튜브에 풀어놓았다. 댓글이 달리면 답글을 달면서 외부와 소통하는 느낌을 받았고, 밖으로 내 생각을 표출하고 성인들과 이야기를 나누니 답답함이 많이 가셨다. 하지만 돈 문제는 여전히 풀리지 않는 답답함으로 남아 있었다.

육아와 살림이 100% 내 몫이 되었다.
생활비를 받아 쓰니 돈을 쓰는 데 눈치가 보인다.
돈을 달라고 할 때마다 뭐에 쓰는지 물어보는 것도 짜증난다.
내가 돈을 벌지 못해서 남편의 수입에만 기대야 하는 현실!

왜 눈치를 봐?

남편 돈을 쓰니까 눈치가 보여. 집안일로 쓰는 건 괜찮은데 내 옷을 사거나 배달음식을 시켜 먹는 건 눈치가 보이네. 장을 볼 때도 아껴 써야 된다는 생각이 계속 들어. 남편이 미리미리 돈을 주지 않고 내가 요구할 때마다 돈을 주니까 돈을 어디에 쓰는지 말해야 하는 것도 보고하고 허락받는 느낌이 들어서 짜증나.

왜 짜증나?

남편이 충분한 돈을 주지 않잖아. 남편은 지금 하루 종일 일하고 있어. 나는 하루 종일 집에서 아이를 보고 있고. 그럼 남편이 돈을 많이 벌어 와야 하는데 생활비 쓰고 나면 없어. 돈이 부족하니까 자꾸 눈치 보이고.

어떻게 되길 원해? 어떻게 해결할 수 있을까?

내 수입이 있으면 좋겠어.

그럼 네가 돈을 벌면 되잖아.

애기가 태어난 지 얼마 안 됐잖아. 모유 수유도 하고 있고, 엄마가 항상 곁에 있어야 하는 시기야. 아기가 성장하는 이 소중한 찰나를 놓치고 싶지 않은 마음도 있어.

그럼 집에 있어야 하는데 집에서 돈을 벌 순 없을까?

힘들지···.

정말 그럴까? 정말?

여기까지 쓰고 질문을 받는 순간 갑자기 뒤통수를 맞는 듯했다. 나는 어쩌면 갓난아기를 봐야 하니까 돈을 벌 수 없다고 믿고 있었는지 모른다는 생각이 들었다. 집에서 돈을 버는 다양한 방법이 있는데도 집에서는 돈을 벌기 힘들다고 못박아 두고 있었던 것이다. 사실이 아니었다. 그 순간 남편에 대한 불만과 내 상황에 대한 푸념이 쏙 들어가고 질문 방향이 바뀌었다. 돈을 어떻게 벌 수 있을까로 관심사가 바뀐 것이다.

 생각해 보니 사실이 아니네. 집에서 아이 키우면서 돈 버는 사람들도 많으니까. 나도 방법을 찾아봐야겠어.

그럼 집에서 아이를 보면서 어떻게 돈을 벌 수 있을까? 지금 내가 할 수 있는 영역에서 수익을 만들어낼 수 있는 부분은 무엇일까? 어떻게 돈을 벌 수 있지?

감정적인 불만을 토로하는 대신, 이렇게 생산적이고 구체적인 제안을 할 수 있게 되어 내 문제가 훨씬 빠르고 정확하게 해결될 가능성이 높아졌다. 나는 계속 질문하고 곰곰이 생각해 보았다. 먼저 나의 재능과 관심사에서부터 내가 갖고 있는 도구, 내가 할 수 있는 모든 것들을 적어보았다.

- 내가 갖고 있는 재능 : 강연 경험, 출간 경험, 글쓰기, 은행원, 세계 여행, 육아, 재테크 정보, 유튜브 운영 경험
- 도구 : 유튜브(당시 구독자 2만 명), 블로그
- 수익 창출 방법 : 유료 강연 진행해 보기
- 액션 플랜 : 강연 기획(주제 정하기, 장소 정하기, 금액), 모객(유튜브), 강연 준비

그렇게 유료 강연을 진행해 보자는 아이디어가 떠올랐다. 지금은 유튜버가 스스로 모객을 하고 강연하고 프로그램을 진행하는 것이 아주 흔한 일이 되었지만, 이 노트를 썼던 2018년에는 유튜버가 주체적으로 강연을 만들고 모객하고 운영하는 일이 거의 없었다. 구독자가 몇 십만 명이 넘는 유명 유튜버 몇 명이 강연을 하는 일이 있긴 했지만, 이 역시 타인의 요청을 받아 진행하는 경우였다. 난 몇 번의 책을 출간한 경험이 있었기 때문에 외부 강연을 해본 경험이 많았지

만 한번도 주도적으로 강연을 기획하고 모객해서 돈을 벌어본 경험은 없었다. 항상 외부에서 먼저 강연 요청을 하면 그들이 원하는 금액, 장소, 주제에 맞춰 강연을 해왔다. 그때까지는 그런 방식이 보편적이었다. 게다가 나처럼 고작 2만 명 정도의 구독자를 가진 작은 유튜버가 스스로 강연을 진행하는 것은 보질 못했다.

나는 이 아이디어를 떠올리면서 내가 직접 강연을 기획해서 주제와 장소, 금액을 정하고 유료 강의를 진행할 수도 있다는 사실 자체에 놀랐다. 내가 자리를 만들어서 강연하는 게 가능할까? 한번도 해본 적이 없던 생각이었다. 하지만 이젠 세상이 변하지 않았는가. 끌어당김 노트를 쓰면서 떠오른 아이디어로 새로운 도전을 하려고 하니 한 편으로는 두려움도 느껴졌다.

 강연 준비!

강연은 어떤 주제로 할 거야?

아무래도 재테크를 주제로 해야겠지. 사람들이 그걸 가장 많이 좋아하고, 내 커리어도 그 방면으로 만들어져 왔으니까.

네가 진짜 강연하고 싶은 주제는 뭔데?

유튜브를 해보니까 정말 재미있더라고. 그런데 지금 유튜브 책이나 강연들은 나처럼 컴맹인 사람들이 따라갈 수 없는 수준이야. 나 같은 주부나 컴맹도 할 수 있도록 핸드폰으로 유튜브 하는 방법을 알려주면 어떨까? 컴맹이나 주부들도 유튜브를 할 수 있다는 용기를 주고 내 경험을 공유하고 싶어. 그리고 내가 항상 관심이 많은 자기계발이나 마음 관련 강연도 하고 싶어. 이게 진짜 내가 하고 싶은 거야.

그럼 그걸 하면 되잖아?

그런데 그런 주제를 사람들이 원할까? 어떤 주제를 하는 게 좋을까? 모객이 될까?

걱정되고 두려운 게 뭐야?

이 강연은 내가 다 장소 예약도 해야 하고 대관료도 내야 하는 거니까 모객이 안 되면 손실이잖아. 최소한 장소 대관료라도 나와야 하는데 안 나오면 어쩌나 하는 걱정이 많이 들어. 어떤 주제가 모객이 잘 될지도 도통 모르겠고.

그럼 어떻게 하면 될까? 좋은 방법이 없을까?

우선 취소 가능한 장소를 찾아 예약하는 게 좋을 것 같아. 모객을 해보고 적정 인원이 안 모이면 취소할 수 있게. 몇 명이 신청할지도 잘 모르니까 인원별로 다양한 강연장이 있는 장소를 찾아보는 게 좋을 것 같아. 강연 세 개를 준비해서 모객을 한번 해볼래. 사람이 안 모이는 강연은 취소하고, 인기 있는 주제를 정해서 강연을 진행하면 되니까. 그래, 고민할 필요 없어. 그냥 흘러가는 대로 맡겨보자. 아무도 신청을 안 한다고 해도 그냥 없던 일로 하면 되는 거잖아. 잠깐 창피하고 말지, 뭐. 창피한 것 말고는 큰 리스크도 없는데, 어때! 해보자!

불만의 근본 원인을 찾고 적극적으로 해결책을 고민해 보니, 지금 내가 할 수 있는 것들이 주르륵 따라 나왔다. 물론 그것을 행동으로 옮기는 과정에서 두려움과 걱정이 들었던 건 사실이다. 하지만 다시 하나하나 따져보니 생각보다 리스크가 크지 않다는 것을 알게 되었고 실행할 용기가 생겼다.

이렇게 해서 유튜브를 시작한 뒤 2018년 말, 처음으로 주도적으로 수강생을 모집하는 유료 강연을 시도해 보게 되었다. 강연 주제는 '재테크, 유튜버 되는 법, 자기계발 과정'이었다. 세 가지 주제를 동시에 소개하고 신청자를 받았다. 결과는 어떻게 됐을까? 각 주제별로 40명, 30명, 30명이 신청을 해주었다! 그래서 내가 원하는 모든 주제로 강연을 진행할 수 있게 되었다. 강연료는 3만 원이었고, 결국 이틀 강연으로 대관료를 제하고도 200만 원이 넘는 순수익을 벌 수 있었다! 이 경험을 통해 나는 내 스스로 돈을 벌 수 있는 가능성과 그동안 해왔던 재테크 외의 주제에 대해서도 강연이 가능하다는 것을 확인하고 용기를 얻었다.

나는 '밖에 나가 시간을 많이 쓰는 남편이 돈을 벌어 오는 게 당연하다. 아이를 봐야 하는 나는 돈을 벌 수 없다.'라는 생각에 갇혀 있었고, 불평만 늘어놓고 있었다. 끌어당김 노트를 쓰면서 이런 나의 모습을 객관적으로 볼 수 있게 되었고, 그제야 내 생각을 의심하고 바꿀 수 있었다. 그러면서 해결 방안도 끌어낼 수 있었다. 타인에게 원인이 있으니 그 해결책도 그 사람이 쥐고 있다고 생각했는데 그게 아니었다. 어떤 상황을 '문제'라고 인식하는 내가 고민을 만들어내고 있었고, 그렇기 때문에 그 해결책도 나에게 있었다. 무엇보다 내 안의 잠재력을 꺼낼 수 있는 행복한 경험이었다. 내가 갖고 있던 생각을 전환하고 돈을 번 성공 경험을 하고 나니 이런 생각이 들었다.

'와우, 순식간에 200만 원을 만들었어! 내가 해냈어! 그렇다면 천만 원도 만들 수 있지 않을까?'

맨손에서
천만 원을 만들어내다

나는 대학교 시절부터 아르바이트나 사업을 하면서 돈을 벌었고, 때론 무에서 유를 창조해 본 경험도 이미 갖고 있었다. 하지만 앞선 사례는 이전에 돈을 벌었던 유형과는 전혀 달랐다. 내가 갖고 있던 고정된 생각을 의심해 보면서 상황이 다르게 보이기 시작했고, 주도적으로 도전해 보자는 아이디어가 나온 것이다. 이렇게 내 환경이 그대로인 상황에서 기존에는 하지 않던 방식으로 돈을 벌었다는 것이 내게는 굉장한 경험이었다. 그 뒤 나는 본격적으로 목표 금액을 정하고 생각을 해보기로 했다. 끌어당김 노트를 펴고 '1천만 원 만들기'라고 제목을 정했다. 그리고 질문을 시작했다.

1,000만 원 만들기

어떻게 만들 수 있을까? 지금 할 수 있는 것은 무엇일까?
강연!

이미 유료 강연을 통해서 약 200만 원의 수익을 얻어보았으니, 그 경험을 기반으로 이번에는 더 많은 수익을 만들기 위해서 위해 무엇이 필요한지 생각해 보았다.

강연 수익을 높이는 방법은 뭐가 있을까?
강연료를 높이거나 수강생 수를 늘리면 된다.

두 가지 방법이 나왔다. 그렇다면 이 방법은 실현 가능할까? 계속 주제를 바꿔가며 일회성 강연을 하면서 수강생 수를 늘린다는 건 한계가 있어 보였다. 지금 나의 구독자 규모에서도 결코 쉽지 않은 일이었다. 그렇다면 강연료를 높여야 한다는 결론인데, 2시간짜리 1회성 강연으로는 강연비를 올리기 어려웠다.

'강연료를 더 많이 받을 수 있는 강연은 무엇일까? 어떤 강연을 만들면 될까?'

결국 몇 회로 이어지는 장기 강연 프로그램을 진행해야 한다는 생각으로 이어졌다. 이미 부동산 관련 강연은 고가의 강연료를 받고 장기적으로 진행되고 있었기 때문에 무리한 일도 아니었다.

〈 장기적인 유료 강연 프로그램〉
- 유튜브 과정: 컴맹들을 위한 쉬운 유튜브 수업
- 자기계발 과정: 성장, 마음공부
- 재테크 과정: 스스로 하는 재무설계, 종잣돈 만들기
- 경매 수업: 이 과정은 내가 진행하기 어렵다.

여기까지 노트를 쓰자마자 곧바로 여러 아이디어가 나오기 시작했다. '나 천잰가?' 하는 생각을 하면서 신나게 써내려갔다. 강연 프로그램 이름도 정해보고, 타깃층, 나만이 제공할 수 있는 프로그램의 차별성도 고민했다. 그 아이디어를 풀어내는 과정이 너무 신기하고 재미있었다. '유튜브 마스터'라는 아이디어가 나오면서 부동산 수

업은 '레버리지 마스터'로 통일성을 갖추면 좋겠다는 생각이 들었다. 그러나 자기계발 프로그램명은 생각이 나지 않아 고민을 거듭했다. 그러다 아이들과 롯데월드에 가서 퍼레이드를 구경하는데, "여러분의 드림마스터~ 로리와 로티(롯데월드의 캐릭터 이름)를 소개합니다~!"라는 멘트를 듣자마자 '이거다!' 싶었다. 그렇게 자기계발 과정은 '드림 마스터'로 결정되었다. 멋진 이름을 하늘에서 끌어당겼다는 생각에 기분이 좋았다.

장기적인 유료 강연 프로그램	프로그램명	내용	비고
유튜브 과정	유튜브 마스터	컴맹들을 위한 쉬운 유튜브 수업	핵심타깃: 40대 이상, 컴맹
자기계발 과정	드림 마스터	삶에 바로 적용하는 마음공부	1:1 맞춤 컨설팅, 무의식과의 대화
재테크 과정		스스로 하는 재무설계	은행원, 재테크 관련 서적 출간, 과정 내 저축 진행 성과 공유
경매 수업	레버리지 마스터	경매 과정	강사 제휴 요망

이 중 경매 수업은 이미 시장에서 단가가 높게 형성되어 있고, 대부분 코스로 운영되고 있었기 때문에 가장 확실히 수익을 만들어낼

수 있는 수업 과정이었지만, 문제가 있었다. 다른 프로그램은 내가 만들어 직접 가르칠 수 있었지만, 경매 수업은 직접 가르칠 역량이 부족하다는 점이었다. 개인적인 경험은 있었지만 독학으로 해온 것이기 때문에 다른 사람들에게 이론적으로 정확히 가르쳐주기에는 많이 부족했다. 그래서 이 과정은 애초에 내가 진행할 수 없는 과정이라 생각하고, 나와는 상관없는 것이라 생각해 왔다. 그런데 이번에는 이 부분을 붙들고 고민해 보기로 했다.

경매 과정을 직접 진행할 방법이 없을까? 이 문제는 어떻게 해결할 수 있을까?

다른 선생님을 모셔서 내가 원하는 내용으로 진행을 부탁해 보자. 그리고 내가 모객해서 수익을 배분하는 거야. 내가 추천하는 강사니까 정말 신뢰할 만한 사람을 찾아야 돼. 그럼 어떻게 사람을 찾고, 어떻게 제안하면 받아들여질까?

이름과 대략의 틀만 나온 상태로 나름의 가능성 있는 경매 강사와 미팅도 가져보았지만, 쉽지 않았다. 구체적으로는 어떻게 진행해야 할지 모르는 상태에서 1월 1일 연초가 되었고, 그날 똥 꿈을 꾸고 눈을 떴다. 뭔가 좋은 일이 일어나려나 보다 싶은 새해 아침이었다. 그런데 오후가 되도록 아무 일도 일어나지 않았다. 연초라서 누구랑 만나는 약속을 잡기도 어려웠기 때문에 카페에 가서 글이라도 쓰고, 돌아오는 길에 복권이라도 한 장 사와야겠다고 생각했다. 나갈 준비를 하며 화장을 하고 있는데 몇 년 전에 알게 된 경매 강사님이 갑자기 떠올랐다. 그 순간! '앗! 이분인가? 이분이 내가 만든 경매 수업의 선생님이 되실 분인가?' 하는 생각이 들었다. 정초라 전화를 할까 말까 고민하다가 전화를 드려보니, 마침 우리 집과 가까운 곳에 거주하고 계셨다. 그렇게 1월 1일 오후에 카페에서 선생님을 만나 내가 생각하는 내용을 말씀드렸고, 경매 수업의 디테일한 진행 부분이 순식간에 만들어졌다.

이렇게 경매 과정 '레버리지 마스터 1기'를 시작할 수 있게 되었다. 그리곤 정말 놀라운 일이 생겼다. 유튜브에 경매 수업을 진행한다고 소개한 뒤 모집을 시작하자마자 24시간도 되지 않아 통장에 천만 원이 넘는 돈이 입금된 것이다. 이틀째 되니 입금된 수강료는 2천만 원이 넘었다. 강사님과 수익 배분을 통해 난 1천만 원을 벌 수 있게 되었다. 게다가 이 과정은 내가 직접 가르치지도 않고 오직 모객만으로 번 돈이었다. 나의 똥 꿈은 진짜였다!

이 경험은 나에게 또 한 가지 깨달음을 주었다. 나는 항상 내가 가진 능력 안에서 고민을 해왔다. 하지만 이 경험을 통해 그 이상도 가능하다는 것을 체험하게 된 것이다.

'생각을 하면 정말 무에서 유를 만들 수 있다! 내가 생각을 하면 뇌(나의 무의식, 잠재의식, 소피아, 또 다른 나, 지혜의 샘, 그리고 똥 꿈!)가 답을 찾아준다.'

내 마음이 가능하다고 생각하기 시작하면 정말 방법이 나온다. 이때 무엇보다 중요한 것은 내 마음에서 한계를 걷어내고 방법을 묻는 것이다. 내가 생각하는 한계는 진짜 한계가 아니라 그저 내 생각일 뿐임을 깨닫는 것에서 나의 가능성은 커진다.

그 후 다른 강연 프로그램도 차례로 론칭하게 되었고 계속해서 수입을 만들어나갈 수 있었다. 끌어당김 노트를 펴서 나의 지혜의 힘을 빌려 커리큘럼, 교재, 진행 방식 등을 하나하나 만들어나갔고, 그때마다 내 안에 있는 또 다른 무한한 능력이 쏟아져 나왔다. 이때 만든 프로그램들은 당시 다른 곳에서는 들을 수 없는 과정이었기 때문에 온전히 내 안의 잠재력만 믿고 만들어서 사람들에게 소개한 과정이었다. 내가 원하는 내용으로 돈을 벌 수 있는 것도 너무 기뻤지만, 무엇보다 수업에 참여한 사람들이 성장하고 만족해하고 고마워하는 모습이 내 삶을 행복하고 풍요롭게 해주었다.

'내가 하고 싶은 것을 하는데 감사인사를 받으면서 돈까지 벌 수 있다니!'

그때 만난 수강생들 중에 상당수와 지금까지도 좋은 인연을 유지하고 서로 응원하며 지내고 있다. 나의 너무나 소중한 인연들이다.

이젠 무언가를 시작할 때 '어떻게든 될 거야. 내 안에서 방법을 찾아 낼 거야.' 하는 믿음이 생겼다. 끌어당김 노트가 가져온 변화다.

나의 진짜 두려움은
다른 곳에 있었다

실제 나의 고민은 예상 못했던 다른 부분에서 온 것일 수도 있다. 이를 발견하고 자신의 두려움을 극복한 한 수강생의 사례를 소개한다.

몇 년 만에 대학교 선배한테 전화가 왔다. 이번에 제품 촬영 일을 맡았는데, 나한테 촬영 콘셉트 관련 일을 할 수 있겠냐고 물었다. 나는 듣자마자 바로 거절했다. 왜냐하면 나는 이 일을 해볼 적이 없었기 때문이다. 자신이 없기 때문에 바로 거절했다. 그런데 전화를 끊고 계속 아쉬움이 남는다. 선배가 제시한 일은 재미있어 보였고 금액도 괜찮은 일이다. 너무 바로 거절했나, 뭔가 아쉬움이 남는다.

그녀는 당연히 거절하는 게 맞다고 생각했지만, 아쉬움이 커서 노트를 써보기로 했다. 본심이 나올 수도 있으니 말이다.

너 이 일을 진짜 하고 싶니?

응, 하고 싶어

그럼 한다고 하지, 왜 거절했어? 뭐가 그렇게 두려운 거야?

지금 상태가 안 좋잖아. 몇 년 동안 살도 많이 찌고 여러모로 상태가 안 좋아. 오랜만에 만나는 건데 그 선배가 실망할 것 같아.

(알게 될 것!) 대박 소름!! 내가 이런 생각을 하고 있었다니!

실제 노트에 적혀 있었던 글이다. 스스로에게 질문을 해보니 무심코 이런 본심이 튀어나왔다고 한다. 그 일을 해보지 못했기 때문에 오는 두려움으로 거절한 줄 알았는데 저 깊은 내면에는 자신이 몇 년 동안 살이 쪘고 자신의 변한 모습을 그 선배가 보고 실망할 것 같은 두려움이 있었던 것이다! 그런 마음이 자신한테 있었다는 것을 보고 소름이 돋고 웃겼다며 그녀는 내게 이렇게 말했다.

"선생님, 제가 이걸 쓰고 진짜 소름이 돋더라고요. 저는 제가 이런 생각을 갖고 있는 줄 진짜 몰랐거든요. 왜냐하면 그 선배를 이성적으로 생각하는 것도 아니었고, 전 지금 남자친구도 있고, 그 선배도 제가 살이 쪘어도 신경조차 안 쓸 거란 말이에요. 노트를 쓰면서 제가 제 자신에 대해, 그리고 타인의 시선에 대해 제 안에 이런 두려움을 갖고 있다는 걸 알게 됐어요."

두려움의 본모습을 발견하면 해결책도 쉽게 찾을 수 있다. 그녀는 이어서 다시 질문을 시작했다.

 그럼 네가 살이 많이 찌고 변한 거에 대해서 정말 그 선배가 실망할까?

실망할 수도 있고 안 할 수도 있지. 그런데 사실 그건 중요한 게 아니야. 실망했다고 해도 상관없고, 아마 선배도 그런 거에 대해서는 개의치 않을 게 분명해. 나 혼자 이런 생각을 했다는 게 놀라웠어.

그럼 너는 이 일을 진짜 해보고 싶어?

응, 일은 재미있을 거 같아. 돈도 벌 수 있고.

그럼 이 일을 어떻게 다시 해볼 수 있을까?

선배한테 다시 해보겠다고 전화해서 말해봐야겠어.

어떻게 말하면 선배가 너한테 그 일을 맡길 수 있을까?
선배가 제시한 비용에서 반만 받겠다고 말해볼 거야. 그럼 내가 좀 덜 부담스러울 것 같긴 해. 내일 선배한테 당장 전화해 봐야겠다.

그녀는 이렇게 결론을 낸 뒤 내게 노트를 보여주었다. 나는 그녀의 노트를 보고 나서 질문을 던졌다.

"이런 결론을 내고 기분이 어땠어요? 깔끔하고 뭔가 진짜 해결이 된 것 같은 느낌이 들었나요? 선배 입장에서 한번 생각해 볼까요? 선배는 그 일에 자신 없어 하는 후배에게 일을 맡기고 싶을까요? 제안받은 비용의 반만 받겠다는 생각이 선배가 내게 일을 맡길 확실한 방법일까요?"

"아⋯. 그렇진 않을 것 같아요. 전 여전히 그 일에 자신이 없어요."

"왜 비용을 반으로 줄여서 제안하는 결론을 내렸을까요? 페이를 반으로 줄인 것은 자신의 실력에 두려움이 있기 때문은 아닐까요? 비용을 적게 받았으니까 기대에 좀 못 미쳐도 이해해 줄 거야 하는 기대를 하면서 말이에요."

"맞아요. 일에 자신이 없으니까 우선 제 부담을 줄이고 싶었던 것 같아요."

그래서 질문을 바꿔 다시 노트를 작성해 보기로 했다.

비용을 조금 주는 게 그쪽에서 정말 원하는 일일까?

그렇진 않지. 원하는 퀄리티가 나오지 않으면 손실이 커지니까. 차라리 돈을 더 주더라도 좋은 퀄리티의 확실한 결과물을 기대할 수 있는 사람에게 일을 맡길 것 같아. 그게 당연해. 시간과 인력이 드는 일이니 결과물은 확실히 보장돼야 해.

그럼 좋은 결과물을 내면 되겠네?

해볼 적 없는 일이라서 좀 두려워. 과연 내가 잘 할 수 있을지 걱정이 되거든. 이 두려움을 줄이는 게 필요할 것 같아.

그 두려움을 줄이려면 어떻게 해야 할까?

먼저 관련된 해외 포트폴리오 자료랑 기존의 작업 결과물들을 찾아보자. 그걸 보면서 내가 그 일을 할 만한 능력이 있는지 보는 거야. 할 만하다는 생각이 들면 준비를 철저하게 해서 선배한테 잘할 수 있으니 나한테 일을 맡겨달라고 자신 있게 말하는 거야.

이번엔 아주 명쾌한 기분으로 노트 쓰기를 마칠 수 있었다. 그녀는 곧바로 자료 조사를 시작했고, 다른 사람들의 작업물을 보면서 내가 더 잘할 수 있을 것 같다는 자신감이 생겼다고 한다. 그렇게 만반의 준비를 갖춘 뒤 선배한테 다시 연락을 했고, 일을 맡아 진행하게 되었다. 결과는 어땠을까? 핼러윈을 주제로 꾸민 그녀의 브로셔 작업은 대성공이었다.

처음 해본 사람의 작업물이라고 믿기 어려울 정도다. 스스로도 놀랄 정도의 잠재력이 나왔고, 정말 멋진 결과물이 탄생했다. 당시 현장에 있던 선배를 포함한 다른 사람들도 모두 감탄했고, 멋진 작업물이라며 만족했다고 한다. 그녀는 이 경험에 대해 이렇게 얘기했다.

"끌어당김 노트를 쓰면서 스스로의 에너지가 좋아졌다는 기분이 들었어요. 그래서 오랫동안 연락하지 않았던 선배도 저를 믿고 작업을 맡긴 거라고 생각해요. 그리고 이번 일을 통해 제가 가진 두려움의 원인이 전혀 예상치 못한 곳에 있었다는 걸 발견해서 재밌고 놀라웠어요. 제 마음을 돌아보고 두려움을 극복하는 방법을 구체적으로 생각해 보니 해결점이 보였고, 이를 행동으로 옮김으로써 저도 몰랐

핼러윈을 주제로 꾸민 브로셔 작업

던 저의 잠재력을 마음껏 발휘하는 아주 즐거운 시간이었습니다. 직장을 그만두고 앞으로 어떤 일을 하며 살 수 있을까 불안하고 고민이 많았는데, 이렇게 개인적으로도 돈을 벌 수 있다는 사실이 너무 소중했어요. 노트를 쓰자마자 결과물을 만들어내고, 이젠 포트폴리오도 생겼네요. 이런 경험을 하게 된 게 너무 신기해요!"

우리 안에는 우리가 모르는 엄청난 잠재력이 내재되어 있다. 이런 능력들이 발휘되지 못하는 이유는 우리가 우리 자신을 믿지 못하고, 이를 억누르고 가두고 있기 때문이다. 두려움의 근본 원인을 확인할 수 있으면 해결이 쉬워지고 스스로가 확신을 가질 수 있게 된다. 그리고 바라는 상황을 노트에 적으면 곧 좋은 일을 끌어당겨 새로운 현실을 창조해 낼 수 있다.

하고 싶은 것은 많은데 능력이 부족하다고 여기고 있다면 끌어당김 노트를 작성해서 스스로가 갖고 있는 진짜 두려움이 무엇인지 물어보고, 자신의 능력을 믿어주도록 하자. 믿는 것만으로도 우리 뇌는 놀라운 해답을 찾아내 보여줄 것이다.

3장

내 자신과의 대화를 시작하다

내 행동과 감정의
근원을 찾아서

마음공부 과정을 진행하기 위해 강의실에 들어가니 한 수강생의 표정이 무척 어두워 보였다. 인사를 건넸지만 무표정으로 나와 눈도 맞추지 않고 인사만 받았다. 그녀의 표정이 왜 그렇게 어두웠는지는 끌어당김 노트를 통해 알 수 있었다.

　"저는 친구가 없어요. 밖에도 잘 안 나가고요. 나가면 온통 화나게 하는 사람들투성이거든요. 오늘도 여기에 오기 위해 오랜만에 외출했는데, 앞에 한 할머니가 끌고 가는 개가 길에다 똥을 싼 거예요. 그런데 할머니가 치우지 않고 그냥 가버리더라고요. 너무 화가 나서 막 뭐라고 했어요. 그러니까 할머니도 제게 화를 냈어요. 길에서 한바탕 큰 소리로 싸우고 왔어요."

　"이런 일들이 자주 일어나나요?"

"네, 늘 그런 것 같아요. 저는 평소에 화를 잘 안 내고 내성적인 사람인데, 밖에만 나오면 이렇게 화나는 일들이 많아요."

이 상황으로 끌어당김 노트를 작성해 보니, 모든 원인은 할머니 때문이었고 자신은 잘못된 상황을 지적했을 뿐이라는 결론이 나왔다. 그리고 세상에는 이렇게 자기 멋대로 행동하고 타인에게 피해를 주는 사람들이 너무 많아 화가 난다고 적혀 있었다. 나는 그녀에게 '나의 화는 어디에서부터 왔을까?'라는 질문을 던져보자고 제안했다.

나의 화는 어디에서부터 왔을까?

엄마는 어릴 때부터 나에게 화를 냈다. 나는 쓸모없는 아이라는 말을 많이 들었다. 한번은 수학여행을 가야 해서 돈을 달라고 하니 돈이 없다고 해서 수학여행을 가지 못했던 적도 있다. 엄마는 나에게 항상 화를 내고 나를 미워했다. 그래서 난 항상 엄마로부터 떨어지고 싶었다. 그래서 결혼을 일찍 했던 것 같다. 지금도 엄마한테 전화가 오면 심장이 내려앉는다. 엄마가 너무 밉다.

남편은 좋은 사람이다. 시부모님도 좋은 분들이다. 남편이 나를 많이 이해해 줘서 지금은 많이 나아졌다. 하지만 기분이 자주 우울하다. 밖에 나가면 나를 화나게 하는 상황들이 많이 생겨서 화가 난다고 생각했는데, 그런 똑같은 상황에서도 선생님과 다른 수강생들은 화가 나지 않는다고 했다. 누군가는 화를 내지 않는 상황인데, 나는 화가 났던 것이다.

엄마에 대한 이야기가 나왔다. 엄마에 대한 그녀의 감정을 알아주는 시간을 갖도록 했다.

어릴 때 엄마가 화를 많이 냈구나. 그때 기분은 어땠어?

엄마가 왜 이렇게 나를 미워할까? 그런 생각을 했어. 너무 슬펐어. 힘들었어.

많이 속상했겠다. 힘들었겠어. 상처도 많이 받았겠구나. 그런데도 이렇게 잘 커서 아이도 낳고 엄마가 되었네. 수고했어. 대견해.

강의실에 들어왔을 때부터 나와 눈도 마주치지 않고 시종 무뚝뚝한 표정을 짓고 있었던 그녀의 눈에서 갑자기 눈물이 뚝 떨어졌다. 한번 흐른 눈물은 몸이 들썩일 정도로 큰 울음으로 변했다. 얼마나 듣고 싶었던 말이었을까? 어린 시절의 상처를 얼마나 오랫동안 억눌러놓았던 것일까? 말없이 그녀를 안고 토닥여주었다. 이번엔 엄마의 상황을 생각해 보는 방향으로 노트 쓰기를 진행해 보았다.

엄마는 왜 그렇게 너한테 화를 냈을까?

엄마는 아빠 때문에 불행했어. 아빠는 늘 술을 마시고 늦게 들어오고 소리를 지르셨거든. 엄마에게 항상 화를 내고 세상에 불만이 가득했던 아빠의 모습이 생각나. 엄마는 아마 우울증이 있었을 것 같아. 마음속 울분을 풀 곳이 없어서 내게 그랬던 것 같아.

엄마는 너를 싫어했을까?

응, 나를 싫어했던 것 같아.

정말 그럴까? 100% 사실이야? 항상 화만 내셨어? 정말이야?

응, 그렇진 않아. 나한테 잘해줄 때도 있었어. 나를 좋아하는 마음도 있었던 것 같아. 분명 좋았을 때도 있었네. 그런데 그걸 잊고 그동안 나쁜 기억만 갖고 있었다는 생각이 지금 들어. 생각해 보니 좋은 기억도 분명히 있었네.

항상 엄마에 대한 원망만 갖고 살아왔는데 처음으로 엄마의 입장을 생각해 보는 계기가 되었다. 상황을 돌아보니 엄마도 불쌍한 사람이었다는 생각이 들었다고 그녀는 말했다. 나는 그녀에게 앞으로도 분노와 증오의 감정을 노트에 풀어내보라고 권했다. 그리고 자신의 감정을 알아주고, 듣고 싶었던 위로의 말을 스스로에게 계속 해주라고 요청했다. 몇 주간 그런 과정을 거치면서 그녀의 표정은 눈에 띄게 밝아졌다. 사람과의 눈맞춤도 자연스러워졌다. 그녀는 자신의 평소 기분이 많이 좋아졌다며 이젠 아이 유치원 엄마들과도 사귀어보고 싶다고 말했다. 첫 수업을 시작할 때 어두운 표정으로 날 제대로 쳐다보지도 않던 그녀는 수업이 진행될수록 표정이 밝아지고 웃음도 많아졌다. 무엇보다 마음의 상처를 치유하고 밝은 모습으로 세상으로 나오려고 용기를 내는 모습이 너무 뿌듯했다.

누구에게나 내가 모르는 억눌린 감정이나 상처가 있다. 그리고 그 억눌린 감정은 불시에 튀어나오곤 한다. 감정을 표출해도 될 만한 상황을 만들어내거나 상대를 지정해 그에게 감정을 표출하기도 한다. 상황이 나의 화를 돋운다고 생각하기 쉽지만, 이런 상황이 반복된다면 내 감정의 시작점을 찾아보려고 노력해야 한다. 어린 시절 받았던 상처나 고통, 아픈 기억이 무의식에 갇혀 있었음을 발견하는 경우가 많다. 그 갇혀 있던 감정을 밖으로 꺼내고 발견할 수 있으면 문제의 반은 해결된다. 그때 내가 느꼈던 감정을 끄집어내서 알아주고 보듬

어주면 된다. 그러면 그 감정이 내 마음 밖으로 흘러 나가면서 그제
야 온전히 사라진다. 억누르고 숨기는 것은 결코 사라지는 것이 아니
다. 흘려 보내야 진짜 사라지고 치유된다.

부모도 상처받은
아이다

나는 구도자의 무소유의 삶이나 미니멀리스트의 단순하고 자유로운 삶에 대한 선망이 있다. 그래서 명품을 자랑하는 SNS 사진보다 간소한 삶을 사는 사람들의 모습에 더 관심이 간다. 가진 것에 대한 욕망보다는 갖지 않음으로써 갖게 된 그들의 자유로움을 욕망한다. 지금도 집 안을 둘러보면 뭔가를 더 갖다놓고 싶다는 마음보다는 버리고 싶은 마음이 더 큰데, 마음과 달리 버리지 못하는 내 자신을 원망하곤 한다. 집 안을 텅 비워두고 싶다는 마음이 크고, 인테리어를 예쁘게 해놓은 인스타 피드보다 아무것도 없는 미니멀리스트의 인스타 피드를 보며 대리만족을 느끼곤 한다.

이 역시 나의 무의식에 이유가 있음을 알게 되었다. 우리 엄마는 물건을 버리지 못하는 사람이다. 10년이 훌쩍 넘은 철 지난 옷, 살이 쩌서 못 입는 옷, 이젠 무릎이 아파서 신지 못하는 굽 높은 신발도 버리지 않고 쌓아둔다. 옷장 문을 열면 옷이 쏟아졌고, 집 안 곳곳에는 물건이 넘쳐났다. 그런 엄마를 보고 자라서 그런지 나 역시 항상 물건이 많고 잘 버리지 못했다. 고등학교 졸업 후 바로 중국으로 가서 유학 생활을 하며 처음으로 혼자 자취를 하게 되었는데 그때도 짐이 점점 늘었다. 방학 때 한국에 올 때마다 3단 이민가방에 짐을 가득 싸 들고 왔고, 짐을 가득 싸 들고 다시 중국에 돌아갔다. 졸업할 무렵에도 다른 유학생들보다 훨씬 많은 짐들이 방 안을 차지하고 있었다. 나에게서 엄마의 모습이 보였다.

한국에 돌아와 회사 생활을 하면서 엄마의 그런 모습을 닮지 말자고 결심하고 스스로도 많이 노력했다. '미니멀리스트'라는 생활 방식을 처음 알게 되었을 때 텅 빈 공간의 평온함이 그렇게 부러웠다. 짐을 정리하려고 엄마 몰래 남동생과 엄마 옷들을 내다버린 적도 있는데, 그날 집에 돌아오신 엄마가 엄청나게 화를 내고, 재활용 쓰레기장에 가서 자신의 물건을 골라 찾아온 모습을 보고 충격을 받았다. 그 후에는 엄마의 짐을 버리지 못하게 되었고, 그러다 보니 집은 정리가 안 돼서 보는 것만으로도 스트레스를 받았다. 이 문제로 엄마와 많이 다투기도 했다.

그러나 결혼을 해서 내 살림을 시작하려고 보니 나에게도 짐이 많다는 것을 깨달았다. 어떤 때는 그 짐들을 보면서 짜증을 부렸고 기분까지 나빠졌다. 내 감정의 배경에는 무엇이 있었을까? 나도 엄마처럼 물건에 집착하고 짐으로 둘러싸여 살게 될까 두려운 마음을 갖고 있었던 것이다. 그래서 오랜만에 우리 집을 방문한 엄마가 두 손 가득 선물을 들고 오더라도 고마운 마음보다 짜증부터 났고, 아주 예민하게 반응했다.

어느 날은 엄마가 집에 거의 다 왔다면서 미리 전화를 걸었는데, 반가운 마음보다 '또 얼마나 많은 짐을 갖고 왔을까?' 하는 생각이 먼저 들었다.

'아, 내가 오랜만에 엄마가 온다는데 인상부터 쓰는구나!'

내가 이런 생각을 갖고 있다는 것을 알아차리자 엄마에게 미안한 마음이 들었다. 엄마는 역시 많은 물건을 들고 오셨는데 엄마를 바라보는 내 시선은 조금 달라져 있었다. 항상 엄마를 보면서 뭘 또 이렇게 많이 갖고 왔냐며 타박하곤 했는데, 이날은 엄마의 아픔과 상처가 먼저 보였다.

'엄마는 공허함을 많은 물건들로 계속 채우려고 하는구나.'

엄마는 8남매의 일곱째로 태어났다. 위에는 모두 언니, 그리고 막내는 남동생이었다. 소중한 아들 바로 위 딸이었던 데다 어린 시절 부모님을 일찍 여읜 엄마는 옷도 항상 물려 입었고 부모님의 사랑은 늘 부족했다. 엄마 말씀으로는 언니들을 다 거치고 물려받은 옷이나 신발은 항상 다 해져 있었다고 한다. 그래서 새 옷, 새 신발을 신는

게 소원이었다고 했다. 결혼을 일찍 했지만 남편 사랑도 부족했을 것
이다. 이런 결핍이 신발이나 옷을 계속 소유하는 방식으로 표출된 것
같았다. 그런 생각이 들자 엄마의 행동이 이해되었다. 안쓰럽고 안타
까웠다. 자식인 내가 줄 수 있는 사랑은 한계가 있지만, 그래도 더 많
이 사랑해 드려야겠다는 생각을 하게 되었다.

결혼을 하고 아이를 낳아보니 나의 부모님도 미성숙한 존재였고,
그 안에 어린아이가 여전히 존재함을 알게 되었다. 나이를 먹었을 뿐,
사실 우리 안에는 모두 '아이'가 살고 있다. 우리 부모님들도 저 깊은
곳에 어린아이의 마음을 품고 있다는 것을 이해하면 부모에 대한 원
망도 다른 관점으로 볼 수 있게 된다. 부모도 아이다.

내 안의 어린아이를 만나다

끌어당김 노트 쓰기는 내 안의 나와 대화하며 내 안의 능력을 더 잘 꺼내 활용해 보고 싶다는 바람으로 시작된 일이다. 처음엔 이야기가 잘 써지지 않았다. 질문도 대답도 잘 나오지 않았다. 질문을 해도 왜 그런 느낌을 받았는지, 왜 나는 그런 행동이 튀어나왔는지 도통 알 수가 없었다. 내 속마음을 꺼내보는 것이 익숙지 않았기 때문에 내 생각의 깊은 곳에 다른 무엇이 웅크리고 있으리란 생각조차 해보지 못했다. 하지만 계속 나에게 질문을 던져보니 생각지도 못한 나의 새로운 모습들이 나오기 시작했다. 다음은 내가 실제로 작성했던 끌어 당김 노트의 내용이다.

겉모습이 다인 것 같은 요즘 세상에 화가 나. 자신을 잘 포장하는 사람들은 타인을 얼마든지 속일 수 있는 세상이야. 그 능력으로 사람을 모으고 큰돈도 벌고 있어. 완전 사기라고. 그런데 사람들은 또 거기에 속아 넘어가. 답답해.

그런 사람들을 보면 어떤 기분이 들어?

사기라고 생각해. 사기꾼! 양심도 없다고 생각하지. 그리고 그 사람한테 속고 있는 사람들이 걱정되기도 해. 불쾌하기도 하고. 이런 세상이 잘못됐다는 생각도 들어.

불쾌했구나. 또 어떤 기분이 들었어?

저렇게 거짓되거나 이상한 사람들이 나보다 더 인기가 많다는 게 화가 나. 자존심도 상해.

왜 자존심이 상해?

나는 과장 없이 선한 마음으로 진실되게 살고 있는데, 사람들은 나보다 저 사기꾼을 따르고 그 사기꾼한테 속고 있는 거잖아.

→ (깨달음) 앗! 이건 질투의 감정?

질문을 하다가 내 안에 '질투'라는 감정도 있음을 알게 되었다. 이건 노트를 쓰기 전에는 전혀 생각하지 못한 감정이었다. 내가 설마 저 사기꾼 같은 사람을 질투하고 있을 줄이야! 그 사람의 모습은 나의 가치관에 비추어봤을 때 옳지 못하고 불편한 것이었지만, 그가 얻고 있는 결과물에 대해서는 부러움을 갖고 있었던 것이다.

그 사람을 보는 내 마음이 불편했던 이유를 알겠어. 그건 사실 질투였어. 너무 뻔뻔하다고 그 사람을 욕하고 있었지만 그가 얻고 있는 인기나 수입, 결과물은 부러웠던 것 같아. 사기꾼 같은 그 사람보다 결과물을 내지 못하고 있는 내 자신을 보면서 불쾌한 감정이 느껴졌던 거야! 그럼 세상이 불공평하게 느껴지고, 원망스럽기도 하고 말이야.

부러우면 너도 그렇게 하면 되잖아.

나는 그렇게 못하지. 속이는 건 절대 할 수 없어. 양심에 찔리는 일이잖아. 난 거짓말도 잘 못해. 과장하는 것도 어려워. 뻔뻔하지 못해.

너는 더 뻔뻔해지고 싶은 건 아니야? 그래서 그 사람이 부러웠던 건 아니야?

맞아. 생각해 보니 그것도 사실이네. 더 과감하고 때론 뻔뻔하기도 한 그런 부분이 나한텐 부족하거든. 그래서 그런 사람들을 보면 반감이 들기도 하지만 부럽다는 생각도 들어. 그런 사람들을 욕하기도 하지만 사실 마음속에는 부러워하는 면도 있는 것 같아. 나도 좀 뻔뻔해지고 싶을 때가 있거든. 하지만 그렇다고 그런 사람이 되고 싶지는 않아. 그건 내 가치관에서는 잘못된 것이라고 생각하니까. 사회적으로도 문제가 될 수 있고. 그래서 그런 부분을 개발하고 싶지는 않아.

⟶ (깨달음) 내가 싫어하는 부분은 부러운 부분이기도 하구나!

그럼 어떻게 하면 좋을까?

그런 사람은 항상 존재했어. 그 사람에게 잘못이 있다면 세상이 판단하게 되겠지. 내 가치관과 다르다고 싫어하고 비난하면 결국 내 마음만 불편해져. 나는 내가 생각하는 가치 기준에 따라 주변과 비교하지 말고 나가야 해. 나는 내가 옳다고 믿으면서 떳떳하게 사는 게 편하거든.

그리고 타인이 결과를 쉽게 얻었다고 생각하지만, 사실 그렇지 않다는 걸 알고 있어. 이런 성과를 얻기 위해 그들도 내가 모르는 엄청난 노력을 했을 거야. 그러니까 과정을 정확히 모르는 상황에서 함부로 누군가의 성과를 평가절하하는 태도는 못난 것 같네.

나는 멋진 사람이 되고 싶어. 이렇게 나와 상관없는 사람을 비난하고, 그 사람에게 분노하는 내 쪼잔한 마음이 창피해. 타인을 비난할 시간에 내가 더 노력하고 과정에 더 집중하는 게 맞아. 내가 빈질대고 하기 싫다고 게으름 피우고 있으니 다른 사람 잘나가는 것만 눈에 들어오는 거라고!

끌어당김 노트를 쓰다 보면 때론 인정하기 싫은 유치한 나의 모습과 쪼잔한 생각들, 어린아이 같은 모습과 만나게 된다. 그런 내 안의 모습을 마주하면, 혼자 쓰고 읽는 노트지만, 혹여나 누구에게 들킨 것처럼 창피해진다.

노트를 쓰면서 나는 나 스스로를 꽤 괜찮은 사람으로 과대평가하고 있었다는 사실을 깨달았다. 하지만 진짜 나를 들여다보니 '나'라는 사람은 굉장히 유치하고 아직 덜 자란 아이였다. 누가 볼까 창피한 진짜 나의 모습이 계속 모습을 드러냈다. 때론 인정하기 싫어 노트를 쓰다 덮기도 했다. 너무 유치해서 털어놓기 싫은 고민도 많았다. 특히 타인과의 관계에서 문제가 생겼을 때 노트를 쓰다 보면 상대에게 원인이 있었던 게 아니라 나에게 원인이 있었다는 사실을 깨달게 된 적이 많아 애초에 노트를 쓰기 싫어질 때도 있었다. 분명 이번엔 상대가 잘못했는데 내가 내 안에서 해결책을 찾으려 이렇게 글을 써야 하나 싶은 생각이 들었기 때문이다. 상황을 객관적으로 보고 내 안에서 해결책을 찾는 노력을 한다는 자체가 자존심 상하고 화가 나기도 했다. 이렇게 또 내 안의 어린아이 같은 모습과 마주했다.

하지만 이런 나도 받아들여주기로 했다. 충분히 그럴 수 있다고, 괜찮다고 위로해 주면서 나의 푸념을 들어준다. 그러고 나면 부끄러움이 조금 가시면서 더 나은 나를 희망할 수 있게 되고 그렇게 되기 위해 노력하고 싶어진다. 이런 과정을 통해 조금씩 더 나은 사람으로 성장할 수 있게 된다.

남의 이야기를 듣는 것도
이젠 지쳤어

수강생의 사례를 하나 들어보자. 그녀는 사람들의 말을 잘 들어주는 편이라고 자신을 소개했다. 그러면서 주변 사람들이 늘 자신을 붙들고 이야기를 하는 게 고민이라고 했다. 자신은 남의 이야기를 듣는 그 시간이 너무 힘들고 그런 말들이 듣기 싫다는 것이다. 그녀에게 이야기를 터놓았던 상대방은 상상도 못할 이야기였다. 내가 물었다.

"대화를 하실 때 어떻게 이야기를 들어주시나요? 계속 듣고만 계시나요?"

"네, 저는 제 얘기는 거의 하지 않아요. 거의 듣기만 하는 편이에요."

"그런데 듣는 게 너무 고역이라는 말씀이시죠? 그럼 이야기를 안 들어주면 되잖아요."

"모르겠어요. 너무 싫은데 계속 인간관계가 그렇게 형성돼요. 이야기를 듣고 집에 오면 짜증이 나고 그 사람을 욕하기도 해요."

"그럼 이 주제로 노트를 써볼까요?"

나는 항상 친구들이나 사람들한테 이야기를 잘 들어준다는 말을 듣는다. 실제로 조용하게 잘 들어주고, 내 이야기는 거의 하지 않는다. 하지만 이야기를 듣는 그 시간들이 너무 고통스럽다. 어서 끝내고 싶은데 그 사람은 계속 이야기를 한다. 미치겠다. 너무 짜증나고 싫다.

너는 왜 말을 안 하고 듣기만 해?

멀리 떨어져서 생각해 보니 지금까지 부모님과의 대화 방식 때문인 것 같아. 부모님은 항상 일방적인 대화 방식을 취했거든. 내가 대꾸하면 싫어하셨어. 그래서 지금은 부모님과 사이가 좋지 않아. 엄마는 항상 아버지 험담을 했는데 내가 잘 들어줬어. 그럴 때는 엄마가 나를 필요로 하는 느낌이었지. 하지만 엄마는 내 얘기를 잘 들어주지 않았어. 인간관계에서도 이런 대화 방식이 반복되고 있다는 느낌이 들어. 사람들한테 내 이야기를 하지 않는 이유는 그들이 싫어할 것 같기 때문이야. 민폐인 것 같고 그들이 짐스러워할 것 같기도 해.

정말 그럴까?

그렇지 않을 거야. 내가 그들과의 대화를 예전 부모님과의 대화처럼 인식하는 부분이 있어. 그들이 계속 내게 말을 걸 때 그들이 일방적으로 나를 괴롭히는 사람들이라고 인식하고 있는 것 같아. 그리고 나는 이야기를 들어주는 것에서 나의 쓸모와 가치감, 존재감을 느껴왔기에 이런 일방적인 대화 패턴을 유지해 왔던 것 같아.

그래서 너는 뭘 원해?

사실 나도 내 이야기를 하고 싶어. 내 이야기를 했을 때 내 마음을 이해받고 공감받고 위로받는 경험을 해보고 싶어.

어떻게 하면 될까?

이 반복적인 패턴을 깨기 위해서 나를 드러내고 표현해야겠다는 생각이 들어. 내 이야기를 시작해 봐야겠어. 노트를 쓰면서 사실은 내가 표현 잘하는 사람을 부러워하는 마음을 갖고 있다는 것도 알게 됐어. 내가 표현을 해야 대화의 균형이 맞고 서로 마음을 주고받을 수 있게 되고 내가 원하는 것도 채워지고 건강하게 소통하는 삶을 살 수 있겠다는 생각이 들어. 그럼 나의 존재감을 드러내고 느낄 수 있을 것 같아!

그녀는 끌어당김 노트를 쓰면서 지금 상황에 대한 인식이 어린 시절 부모로부터 온 것임을 알게 되었다. 이를 발견한 후에는 문제를 직접 해결할 수 있었다.

짧은 수업 시간이었지만 그녀의 변화는 놀라울 정도로 빨랐다. 다른 수강생들 앞에서 자신의 이야기를 하는 것에 점점 익숙해졌고 자신을 표현하는 시간이 늘어났다. 이야기를 하는 것보다 듣는 것을 좋아한다고 했던 그녀는 나중에는 그 누구보다 이야기하는 것을 좋아했고 많은 이야기를 했다. 자신을 표현하는 그녀의 모습은 자신감이 넘치고 행복해 보였다. 수업 과정이 끝날 무렵에는 이렇게 이야기하는 것을 좋아하는 사람이 그동안 어떻게 참았냐는 이야기를 들을 정도였다. 자신의 이야기도 하면서 대화를 주고받게 되니 이젠 타인과의 대화가 괴롭힘당하는 시간이 아닌 즐거운 시간이 될 수 있었다.

거절하지 못하는 진짜 이유

그녀는 항상 친절하고 밝은 사람이었다. 수업 시간에 항상 미소를 띠고 나를 바라보았다. 주변 사람들에게도 늘 상냥했고 누구나 호감을 가질 만한 사람이었다. 주변 사람들은 그녀를 '언제나 긍정적이고 밝고 친절하다.'고 평했다. 그런데 그녀는 사실 이렇게 밝은 표정을 유지하고 행동하는 데 피로감을 느끼고 있었다.

오늘 대학 조별과제 중 업무를 분담하는데 내가 가장 귀찮은 일을 맡았다. 남자 애들이 나한테 할 수 있냐고 물었는데 "제가 할게요!"라고 대답을 해버렸다. 사람들은 "역시 너는 밝고 긍정적이야!"라고 말했다. 그런데 사실 너무 하기 싫은 일이다. 내가 그 일을 맡지 않고 넘어가길 바랐는데···. 가능하냐고 묻는 질문에 바로 할 수 있다는 대답이 나와버렸다. 사실 그 일을 받을 상황이 아닌데 거절하지 못하고 생글생글 웃던 내 모습이 너무 한심스럽다. 나는 왜 이렇게 거절을 못하는 걸까?

그녀에게는 이런 일이 자주 반복된다. 그동안은 별로 문제라고 느끼지 못했지만 상황이 계속 반복되면서 문제가 생겼다. 진짜 거절해야 하는 상황에서도 거절하지 못하는 자신의 모습이 한심하고 화가 났다. 그녀는 이 상황을 이제 바꾸고 싶다고 말했다. 그래서 끌어당김 노트를 쓰면서 자신과 대화를 해보기로 했다.

 공감: 감정 알아주기

그때 솔직한 감정이 어땠어?
지방에 내려가 하루를 꼬박 써서 자료를 조사해야 하는 일인데, 그러려면 알바도 빼야 되거든. 미쳤지. 알바를 빼달라고 말하는 것도 민폐야. 알바도 안 하고 돈도 많고 시간도 있는 애들은 안 하고, 제일 여유없는 내가 그 일을 맡게 된 것도 너무 화가 나. 거기에서 또 웃으면서 괜찮다고 하고 있는 내가 진짜 한심하더라고.

그랬구나. 화가 많이 났겠다. 또 어떤 감정이 들었어?
내가 한다고 말하니까 사람들이 역시 너는 착하다면서 막 칭찬해 주는데, 그때 조금 뿌듯하더라. 궂은일을 하니까 띄워주는 걸 텐데, 그런 칭찬을 받으려고 내가 그렇게 행동하는 것 같아.

나의 감정을 알아주는 것만으로도 화가 많이 누그러지고, 흥분하고 흔들렸던 감정선이 차분해진다. 감정을 최대한 끝까지 토해놓으려고 시도하고, 이를 공감하고 어루만져주면서 그 감정을 온전히 받아들이는 시도를 해야 한다. 이 과정에서 감정이 가라앉으면 이제 상황이 조금 더 객관적으로 보이면서 새로운 질문과 해결책이 나올 것이다.

그 사람들한테 칭찬받고 그 사람들이 널 인정해 주니 좋았구나. 왜 그런 인정과 칭찬을 받고 싶은 걸까?

그렇게 해야 나를 좋아해 주고 나를 그 무리에 껴줄 거 같아서 그런 걸 거야. 사람들에게 친절하고 밝게 웃으면서 행동해야 사람들이 나를 좋아하니까.

→ 팩트 체크!

그게 사실일까? 만약 네가 밝게 웃지 않고 때때로 거절하면 사람들은 너를 싫어할까?

음, 글쎄···. 싫어하진 않을 거 같긴 한데, 그래도 좋아하진 않을 거 같기도 해.

싫어하는 게 확실한 게 아니고 사실도 아닌데 지레 겁먹고 너무 두려워하고 있는 거 아니야?

맞아. 그런 거 같아. 사실 나는 어릴 때부터 그랬어. 부모님이 이혼을 하셔서 내겐 엄마뿐인데, 엄마의 사랑을 받으려고 열심히 공부하고 선생님의 사랑을 받으려고 선생님 말씀 잘 듣고, 늘 열심히 노력해 왔던 거 같아. 내가 잘못하면 엄마는 많이 혼냈고, 난 가족이 엄마뿐이라 엄마가 없으면 난 혼자니까 엄마가 싫어하는 행동을 안 하려고 하고 엄마한 테 인정받으려고 많이 노력했어. 난 항상 사랑받고 인정받고 싶은 갈 망이 있었던 것 같아.

어릴 때 하나뿐인 가족인 엄마마저 잃을까 봐 많이 불안했겠구나. 토 닥토닥. 괜찮아. 엄마에게도 넌 유일한 가족이잖아. 엄마는 너를 너무 사랑해. 너를 버리는 사람은 아무도 없어.

끌어당김 노트를 쓰다 보면 자신의 진짜 속마음, 무의식에 내재되어 있는 불안의 근본 원인을 알게 되는 경우가 많다. 아주 오래전 고통이었고 몇 십 년을 잊고 있다가 노트 쓰기를 통해 그 문제가 현재 나의 삶에 영향을 주고 있었다는 사실을 발견하는 경우가 많다. 억눌렀던 아픔은 사라지지 않고 불시에 튀어나와서 나의 삶에 영향을 준다. 그때의 상처와 아픔에 대한 감정을 충분히 꺼내고 이를 알아주고 보듬어주면 상처는 치유될 수 있다.

질문을 통한 지혜의 답 이끌어내기

네가 원하는 너의 모습은 뭐야?

사람들 눈치 안 보고 내 상황에 맞게 정확히 이야기할 수 있는 것. 그래서 거절해야 하는 상황에서는 정확하게 거절 의사를 표현하는 거야.

그럼 어떻게 해야 할까?

질문을 받으면 무조건 된다고 말을 뱉기 전에 내 상황을 잘 생각해서 신중하게 답변해야겠어. 그리고 거절의 이유를 잘 설명해 보도록 노력해야지. 거절을 잘 하는데도 사람들과 잘 어울리는 친구가 있는데, 그 친구를 자세히 관찰해서 배워보는 것도 좋겠어. 내가 거절해도 사람들이 날 싫어하지 않을 거라는 믿음을 갖고 있는 것도 중요하고.

우리는 종종 금방 후회할 선택을 한다. 거절을 못해서 떠밀리듯 약속을 잡거나 일을 떠안고, 필요하지도 않은 물건을 구매하기도 한다. 그런 행동을 한 후에는 자책하며 그때 왜 그런 선택을 했나 후회하곤 한다. 만약 이런 상황이 반복된다면 그땐 그 이면의 원인을 찾아보는 시도를 해보길 바란다. 끌어당김 노트를 통해 그 행동 이면에

숨어 있는 감정과 이유를 집요하게 파고들어가 보자. 그 원인을 알게 되다면 후회하는 선택을 줄일 수도 있고, 반복되는 패턴을 끊어낼 수 있을 것이다.

내 안에 살고 있는
또 다른 존재에게

내 능력 이상의 것을 해낸 경험이 있는가? 내가 해낼 줄 몰랐는데 해 냈다거나 생각보다 더 멋진 능력을 발휘한 경험 말이다.

나는 첫 번째 책을 쓸 때 그런 경험을 했다. 첫 책을 출간하려고 원고를 쓸 때였다. 그전까지는 글을 제대로 써본 적도 없고, 글 쓰는 노하우도 전혀 없었기 때문에 글을 쓰는 데 영 속도가 나지 않았다. 끙끙대며 힘들게 겨우 써서 원고를 보내면 그마저도 편집자의 수정 요구를 받아 번번이 돌아오곤 했다. 그렇게 1년 동안 책은 출간될 기 미가 안 보이고, 매일 원고를 붙들고 끙끙대고 있었다.

하루는 하도 글이 안 써져서 책이나 읽자는 생각으로 책을 펼쳤 는데, 그 안에 신기한 이야기가 담겨 있었다. 우주는 여러 차원의 세 계로 되어 있고, 다른 차원에도 또 다른 모습의 내가 존재하고 있다는 것이다. 그렇기 때문에 또 다른 차원의 나는 무수한 경험을 하고 있고, 그 경험과 노하우가 나의 무의식에 담겨 있다는 내용이었다. 그리고 내가 다른 곳에 존재하는 또 다른 나를 소환(선택)하면 그 존재로 살아갈 수도 있다고 했다. 마치 내가 다양한 역할의 옷 중에서 하나를 택하면 그 옷을 입고 역할놀이를 시작하는 것처럼 말이다. 황당하지만 재미있는 이야기라 흥미로웠다.

끌어당김의 법칙이나 명상에서도 내가 원하는 대로 현실을 창조할 수 있다고 이야기한다. 일부 겹치는 부분도 있다. 명상을 하면서 내가 아닌 다른 존재를 분명하게 느낀 적이 있었기에 그 존재는 내가 원하는 경험과 지혜를 이미 갖고 있을 수도 있겠다는 생각이 들었다. 그래서 나는 책상에 앉아 이렇게 생각했다.

'내 전생이든 3세계에 현존하는 존재이든 작가의 삶을 살고 있는 또 다른 세상의 나여! 베스트셀러 작가로 살고 있는 그 존재여! 나에게 와서 어서 글을 써주렴! 내 안에 그런 노하우와 지혜를 갖고 있는 존재여! 어서 나와서 나를 도와 글을 써줘!'

얼마나 절실했는지 모른다. 이 주문이 그 존재의 귀에 들어간 것일까? 어느 날 갑자기 글이 술술 써지기 시작했다. 글이 잘 써질 때는 시간도 순식간에 지나가고, 뭔가 내 안에 또 다른 존재가 들어와서 글을 뽑아내는 느낌이 들었다. 몰입의 세계와 명상 안에서 글을 쓰는 느낌이었다. 그렇게 만들어진 글들은 이전에 내가 쓰던 글보다 훨씬 완성도가 높았다. 글을 쓰고 나서 "신이시여, 진정 이 글을 제가 썼단 말입니까!"라고 외칠 지경이었다. 신기한 경험이었다. 정말 3세계에 작가로 살고 있는 또 다른 내가 내 안에 들어와서 나를 도와줬던 것일까?

물론 그동안 글을 쓰려고 끙끙댔던 시간 동안 글을 반복적으로 쓰고 고치면서 글쓰기 실력이 향상됐을 가능성도 있다. 하지만 그렇게 말하기엔 하루아침에 완성된 글의 수준이 이전과는 너무 차이가 났다. 글이 술술 잘 써지는 날의 느낌은 분명 달랐다. 다른 힘이 느껴졌다. 이렇게 나온 원고를 편집자에게 보낼 때는 자신감이 생겼다. 편집자는 원고가 너무 좋아졌다면서 수정할 것도 없다고 피드백을 주었다. 실제로 나의 첫 번째 책은 내가 보낸 원고에서 거의 수정 없이 출간되었다. 그렇게 나온 나의 첫 책《은행의 사생활》은 출간되자마자 베스트셀러가 되었고, 독자들 후기에도 술술 잘 읽힌다는 평이 압도적으로 많았다. 무명 작가의 첫 번째 책이 이렇게 많이 읽힐 수 있었던 것은 운도 있었지만, 분명 내 역량 이상의 일이었다.

당신의 능력을 넘어선 힘이나 능력이 발휘된 경험은 무엇인가? '내 안에 이런 능력이 있었단 말이야?' 하고 놀라게 된 경험 말이다. 나는 그런 놀라운 힘이 내 안에 (또는 3세계에) 분명히 존재한다고 믿는다. 그리고 우리가 그 지혜, 노하우, 힘이 필요할 때 도움을 받을 수 있다고 생각한다. 그것을 누군가는 잠재력이라 말하고, 신을 믿는 자는 신의 힘이라고 말할지도 모른다. 하지만 그것이 정확히 무엇이든 지혜와 힘을 빌릴 수 있는 존재가 있다는 사실을 인식하는 것은 삶을 살아가는 데 매우 큰 지지대가 된다.

나는 앞으로도 원하는 삶을 살아가는 데 그 존재의 도움을 계속 받고 싶다. 그래서 끌어당김 노트를 지금도 열심히 쓰고 있다. 내 자신과의 대화를 통해 그 존재의 힘을 얻고 싶기 때문이다. 그리고 이 책을 쓰면서도 그 존재에게 힘을 빌렸다.

'또 다른 세상의 나여! 베스트셀러 작가로 살고 있는 그 존재여! 나에게 와서 어서 글을 써주렴!'

4장

당신의 끌어당김 법칙은 틀렸다

끌어당김의 법칙
다시 세우기

여기 돛단배가 있다고 상상해 보자. 돛단배를 움직이기 위해 제일 먼저 해야 할 일은 바람의 방향을 찾는 것이다. 바람의 방향을 잘 찾기만 하면 바람의 도움으로 배는 쉽게 앞으로 항해할 수 있다. 바람의 방향을 모르고, 또는 아예 바람과 반대 방향으로 배를 움직이려 한다면 어떻게 될까? 분명 엄청난 노력을 들여 노를 저어야 하고, 열심히 노를 젓는다 하더라도 앞으로 나아가기 쉽지 않을 것이다.

당신은 삶을 살아오면서 바람의 방향대로 잘 세운 돛단배를 탄듯한 느낌을 받은 적이 있는가? 별로 애쓰지 않았는데도 너무나 자연스럽게 상황이 만들어지는 경우, 너무 손쉽게 바라던 게 이뤄진 경험이 있는가? 반면 아무리 노력하고 애쓰더라도 번번이 장애물에 막히고 바라는 바가 생각처럼 이뤄지지 않은 경험은 있는가? 아마 두

가지 경우를 모두 경험해 본 적이 있을 것이다. 내가 원하는 삶을 창조하고자 할 때, 바람의 방향을 알고 도움받을 수 있다면 우리는 보다 쉽게 목적지에 도달할 수 있다.

이를 위해 나의 끌어당김 법칙을 이야기해 보려 한다. '나의 끌어당김 법칙'이라고 말하는 이유는 이것이 온전히 끌어당김의 법칙을 설명하기보다는 내가 이해하고 경험한 존재의 영역, 명상의 효과, 그리고 노트를 쓰면서 알게 된 것들을 포괄하는 의미이기 때문이다. 즉 나의 끌어당김 법칙은 내 식대로 해석하고 내 삶에 적용하고 있는 끌어당김의 법칙이라고 할 수 있다. 분명한 것은 만약 당신이 끌어당김의 법칙을 믿고 나름대로 행동해 왔지만 여전히 삶은 불만족스럽고 원치 않는 현실이 반복된다면, 당신이 이해한 끌어당김의 법칙은 틀렸을 확률이 높다. 나에게 끌어당김의 법칙을 삶에 적용한다는 의미는 바람의 방향(삶의 방향)을 예민하게 찾는 일이고, 내가 원하는 삶에 더 쉽게 이를 수 있는 바람(조력자)의 도움을 받는 것을 의미한다. 끌어당김의 법칙에 대한 나의 이해와 적용 방법이 분명 당신에게도 효과가 있을 것이라 믿는다.

끌어당김의 법칙을 설명하는 것 중 유명한 말이 있다.

"당신이 끌어당김의 법칙을 믿든 안 믿든 지금 이 순간에도 끌어당김의 법칙은 작동되고 있다."

끌어당김의 법칙을 제대로 이해하고 적용한다면 당신은 당신이 원하는 삶을 쉽게 창조해 낼 수 있다. 하지만 이를 모른다면 자칫 바람의 방향과 반대로 노를 저으며 애를 쓰게 될지도 모른다. 그럼 지금부터 끌어당김의 법칙을 제대로 이해하고, 나의 삶에 적용하는 방법을 배워보자.

원치 않는 일이
끌어당겨지는 이유

"나는 100억 부자다.

나는 100억 부자다.

나는 100억 부자다."

자기계발에 항상 진심인 A씨는 오늘도 새벽에 일어나 소원 쓰기 100번으로 하루를 시작했다. 100억 부자가 되었을 때를 시각화하면서 잠시 행복한 상상을 해보았고, 읽어야 하는 자기계발서도 곁에 쌓아놓았다. 하루 중 가장 행복한 시간이다. 하지만 곧 현실의 삶이 시작된다. 아이들이 학교 간 시간 동안 파트타임 일을 해야 하는데 야외에서 계속 서 있어야 하는 일이라 육체적으로 매우 고되고, 계절의 영향을 그대로 받는다. 빨리 돈을 벌어서 이 일을 그만두는 것이 목표다. 그러다 문득 아이들 학원비를 내야 할 때가 됐다는 것을 알게 되었다. 장을 보는데 물가가 많이 올라서 쉽게 물건을 집지 못하겠다. 장을 봐서 집에 돌아오니 청구서가 와 있는데, 가스 요금이 예전보다 많이 나왔다. 겨울이라 난방을 좀 했더니 이렇게 비용이 많이 늘어난 것이다. 무척 당혹스럽다.

A씨는 추가 수익을 얻어보려고 블로그와 SNS를 시작한 지 한 달이 넘었다. 한 달째 열심히 글을 쓰고 다른 계정들을 돌며 팔로워를 추가하며 노력하고 있지만, 기대만큼 반응이 없고 이게 맞나 하는 현타가 온다. 일에 육아에 SNS도 해야 하니 점점 힘에 부치고, 이를 지속할 수 있을지 점점 지치고 있다. 답답한 마음에 책꽂이에 수년간 꽂혀 있는《시크릿》이라는 책을 다시 펴서 읽어본다. 책 속에서 말하는 "원하는 것을 바라고, 이미 이뤄졌다고 생각하면 꿈이 이루어진다."는 너무도 간단한 이 한 줄을 자신이 잘못 이해하고 있는 것일까? 이게 사실이 아닌 건 아닌지 혼돈스럽기도 하다. 언제쯤 내 소원은 이뤄질까? 그래도 끌어당김만이 A씨의 희망이다.

'올해는 꼭 내가 원하는 삶을 이룰 거야. 열심히 끌어당겨 봐야지. 난 100억 부자가 될 거야!'

세계적으로 끌어당김 법칙을 대중화시킨《시크릿》이 한국에 소개 된 지도 20년이 다 되어간다. 이젠 '끌어당김의 법칙'이라는 말을 많은 사람들이 알고 있다. 하지만 끌어당김 법칙의 본질과 내용에 대해서는 오해하고 있는 이들도 적지 않은 듯하다. 비과학적이고 허무

맹랑한 자기계발식 희망고문이라고 말하는 사람도 있고, 광기에 가까운 집착으로 맹신하며 끌어당김의 법칙을 실행하느라 현실 속 삶의 밸런스를 잃는 경우도 있다.

끌어당김의 법칙을 믿고 실천하는 이들 중에는 열심히 노력하고 있지만 오히려 원치 않는 일들이 생기고, 바라는 일은 도통 이루어질 기미가 없어 힘들어하거나 실망하는 경우도 많다. 왜 끌어당김의 법칙은 제대로 실현되지 않는 것일까?

끌어당김의 원리를 잘못 이해하고 있기 때문이다.

끌어당김 법칙의
진짜 작동 원리

끌어당김의 법칙에 대한 대표적인 오해는 '절실하게 바라면 이루어진다.'는 것이다. 하지만 이는 끌어당김의 법칙을 반만 이해한 것이다. 끌어당김 법칙의 진짜 작동 원리는 '바람과 소원'이 아닌 '느낌과 상태와 감정'이 동일한 상태가 되도록 만드는 것이다. 그렇기 때문에 당신이 무엇인가를 소망하고 바랄 때 느끼는 '감정'이 '소원'보다 더 중요하다. 예를 들어 100억 부자를 끌어당겨 보겠다며 이를 상상해 본다고 가정했을 때 어떤 생각, 기분, 느낌이 드는지 보는 것이다. 풍요롭고 좋은 기분이 드는지, 이와 상반된 현실 속의 걱정들(카드값, 고지서)이 따라오지는 않는지, 또는 그 상황이 비현실적으로 느껴지며 도리어 괴리감이 드는지를 돌아보아야 한다. 그 상황이 설마 진짜 이뤄질까 의심이 들지는 않는지 살펴봐야 한다.

느낌	실제 끌어당겨지는 것
난 100억이 있어서 너무 풍요롭고 행복하다.	풍요롭고 행복한 상황
휴, 이번 달 카드값이 걱정인데 100억 부자를 상상하려니 도리어 괴리감만 느껴지네.	부자와 더 괴리감이 느껴지는 답답하고 걱정 많은 나의 현실
100억 부자라면 돈 걱정 없이 퍼스트클래스 타고 여행 다니고 쇼핑도 할 수 있겠지? 넓고 깨끗한 집이 있고, 드레스룸에는 예쁜 옷과 구두, 가방이 가득할 거야. 근데 그 느낌을 모르겠어. 퍼스트클래스를 타면 어떤 느낌일까? 도리어 비현실적으로 느껴지고 부끄러운 생각도 들어. 너무 현실감이 없어.	
나는 정말 100억 부자가 되고 싶어! 절실하게 되고 싶다고!	절실하게 바라게 되는 그 현실 상황

▪ 100억 부자를 상상해 보는 중 드는 느낌들과 끌어당김의 작동 방식

절실하게 바랄수록 '절실하게 바라는 그 상황'이 만들어진다! 즉 내가 했던 그 '생각'과 그 '느낌'이 그대로 끌어당겨진다고 생각해야 한다. 무언가를 바라는 행위가 그것을 '얻는' 결과로 돌아오기보다는 그것을 '바라는 상태'로 되는 것. 그것이 내가 경험한 끌어당김의 법칙이다. 그렇다면 끌어당김의 법칙을 이루는 방법은 무엇일까? 실로 매우 간단하다. 그 현실을 바라는 것이 아닌 이뤄졌다고 느끼면 되는 것이다. 그런데 그게 실제로는 결코 쉽지 않다. 상상하는 게 뭐가 어렵나 싶다가도 이를 글로 쓰면서 내가 느끼는 감정을 면밀히 살펴보

면 글과는 전혀 다른 반대의 느낌을 갖고 있음을 깨닫는 경우가 많다.

내가 경험해 보지 않은 것, 내가 가보지 않은 길을 상상하고 실제처럼 느끼는 일은 결코 쉽지 않으며 게다가 현실과의 갭이 크면 클수록 현실의 걱정과 고민이 더 체감된다. 의도적으로 매일 시간을 내서 끌어당기고 싶은 것을 잘 상상하고 느끼고 있더라도 현실을 살아가는 우리는 현실 속 걱정과 고민을 더 자주 느낄 수밖에 없다. 이렇게 되면 결국 나의 느낌과 감정 대부분을 차지하는 그 기분대로 현실이 창조된다. 시간을 특별히 할애해서 내가 원하는 상황을 잘 상상하고 연습하고 있지만, 하루를 24시간으로 보면 아주 잠깐의 시간일 뿐이기 때문이다. 결국 나머지 대부분의 시간을 현실적인 감정과 느낌으로 보내기 때문에 이 느낌으로 현실을 창조한다. 이것이 오늘과 비슷한 내일이 계속 반복되는 이유다.

따라서 시각화나 소원 100번 쓰기 같은 활동이 끌어당김에 분명 도움되는 과정이라 하더라도 한계가 있다. 나는 이런 행동보다 나의 대부분의 시간 동안을 내가 원하는 기분으로 유지시키는 일이 더 중요하다고 생각한다. 내가 원하는 것을 끌어당기기 위해서는 그 감정과 느낌을 계속 유지하면 된다! 원하는 것을 떠올려서 그 기분을 느끼는 것은 너무 짧기 때문에 현실 속에서 원하는 상황 속 느낌을 계속 가질 수 있도록 노력하는 것이다. 물론 쉽지 않은 일이지만, 훨씬 현실적이고 효과적인 방법이다.

그렇기에 노력과 연습이 필요하다. 항상 자신이 오늘 하루를 어떤 상태와 느낌으로 보내고 있는지 예리하게 살펴보고 의식해야 한다. 쉽게 바뀌지 않는 감정에 대해서는 그 감정의 근본 원인을 찾아냄으로써 기분을 전환하는 노하우도 필요하다. 이를 위한 효과적인 도구가 바로 나 자신과 대화하는 끌어당김 노트 쓰기다.

나의 느낌이
현실을 창조한다

지금 당신의 기분은 어떤가? 오늘 하루 당신은 어떤 느낌이 들었나? 아침에 눈 떴을 때 기분은? 물건을 구매하는 짧은 시간 동안 들었던 생각은? 식사할 때는 어떤 기분이었나? 오늘 이야기를 나눈 상대와의 느낌은? 길을 걸으면서 어떤 기분을 느꼈나?

끌어당김의 법칙은 내가 소망한 것이 끌어당겨지는 것이 아니라, 정확히 나의 느낌이 끌어당겨지는 것이다. 그래서 자신의 느낌이 가장 중요한데, 신경 쓸 일이 너무 많고 바쁘다 보면 내 감정을 살펴볼 여유가 없을 것이다. 오히려 나의 감정보다 타인의 감정을 살피느라 더 신경을 쓰기도 한다.

특별한 이슈가 있을 때는 평소보다 감정을 체크하는 경우가 많다. 예를 들어 여행을 갔다거나 선물을 받았거나 타인과 갈등이 생겼다면 평소와 다른 감정이 들기 때문에 이때에는 나의 감정 변화를 쉽게 인식하게 된다. '아, 좋다!' '행복해!' '고맙다!' '열받아!' '진짜 짜증나!' '억울해 죽겠네!' '너무 슬퍼.' 같은 감정들. 하지만 평범한 일상속에서 대부분은 내 감정을 의식하지 못한 채 그냥 흘려보낸다. 현실은 이런 감정이 계속 반영되는 모습으로 창조된다는 것을 기억해야한다. 자신이 특별한 시간을 내서 소원 100번 쓰기를 하고 시각화를 하더라도 그 감정 상태가 오래가지 못하고, 대부분의 시간을 이런 바람의 감정과 대비되는 상태로 보낸다면 당신의 소원은 반대의 현실로 창조될 가능성이 크다.

만약 일상의 대부분이 부정적인 감정 상태라면 어떨까? 내가 의지를 갖고 좋은 감정을 유지하려고 노력해도 타인의 의해서, 또는 상황에 따라서 좋은 감정을 유지하기 어려운 상황이 있다. 부모님, 배우자, 친구, 직장 동료들이 내 감정을 망쳐버리기 일쑤고, 그들은 가만히 있는 나를 힘들게 하고 괴롭힌다. 또는 내가 많은 시간을 보내고 있는 환경이 불만족스럽거나 힘들어서 나쁜 감정이 지속되는 경우도 있을 수 있다. 나 혼자 힘으로 해결하기엔 역부족인 상황도 분명히 있다.

예를 들어 개인적으로 열심히 자기계발하고 회사에서도 늘 밝고 긍정적으로 행동하며 열심히 일하고 좋은 미래를 꿈꾸고 있는 한 사람이 있다고 해보자. 하지만 퇴근해서 집에 돌아가는 길은 답답하기만 하다. 집은 입구에서부터 곰팡내가 나고, 아버지는 알코올중독에 술을 마시고 들어오면 폭력적으로 바뀐다. 그러면 아버지와 싸움이 시작되고, 집에서 빈둥빈둥 게임만 하고 있는 형은 엄마한테 고함을 지르고 문을 쾅 닫고 나가버린다. 이 집구석이 달라질 수 있을까? 집에 들어가기가 싫다. 정말 지긋지긋하다.

이런 상황에 끌어당김의 법칙을 적용해 보면 어떻게 될까? 지금 상황이 지긋지긋하고 이 상황에서 벗어나고 싶다는 바람을 갖고 있다면, 결국 '지긋지긋한 이 느낌'이 지속되는 '벗어나고 싶은 현실'이 계속 내 눈앞에 펼쳐지고, 다시 지긋지긋하다는 원치 않는 감정에 휩싸인다. 결국 이렇게 상황은 악순환이 된다. 너무 잔인한 현실이다. 이를 바꾸기 위해서는 나의 감정을 내가 원하는 상태로 유지하는 것이 무엇보다 중요하다. 이때 감사한 부분을 찾고 상황을 바꿔보려는 적극적인 노력이 도움이 된다.

이 지긋지긋한 집구석! 정말 나가버리고 싶어!	→	계속 나쁜 일들이 생겨서 집이 지긋지긋하게 느껴지도록 하는 현실을 새롭게 창조!

그런데 사실 이런 현실 안에서 내 감정을 좋게 유지하기란 결코 쉽지 않다. 고통스런 현실에 처한 사람에게 긍정적인 생각을 갖고 감

사일기를 쓰라고 강요할 수는 없는 노릇이다.

　내가 제안하고 싶은 것은 그 환경에서 시선을 거둘 수 있는 방법을 찾아보라는 것이다. 만약 위와 같은 상황이라면 집에서 아예 나와 버리는 것도 방법이다. 자취를 하거나 해외 취업을 알아보는 것도 좋을 것이다. 내가 감정을 유지하는 힘이 생길 때까지 나의 관심과 시선을 잠시 차단할 방법을 찾는 것도 필요하다. 무조건적으로 회피하고 도피하라는 말이 아니다. 하지만 때로는 물리적으로 강제적인 거리를 두고, 내 감정과 분리시킬 필요도 있다. 자신의 감정과 마음이 감당하기 어려운 수준의 어려움과 고통에 처한다면 이전과는 전혀 다른 방법을 찾아 이 고통에서 잠시 떨어지는 것도 좋은 방법이다. 다른 행동과 시도를 통해 나의 감정이 정리되고, 근본적인 해결 방법을 찾게 되면 그땐 같은 환경에 처하더라도 감정이 다를 수 있다.

　중요한 것은 내가 가지고 있는 대부분의 감정 상태를 인식해 보려고 노력하면서 나의 감정 상태와 현실을 점검해 봐야 한다. 아마 내 감정과 같은 현실이 눈앞에 그대로 펼쳐져 있을 것이다. 현실을 바꾸고 싶다면 나의 대부분을 차지하고 있는 그 감정 상태를 내가 '원하는 상황의 감정 상태'로 유지하도록 노력해야 한다. 이를 위해 감정 변화를 끌어내는 근본적인 원인과 해결책을 찾는 데 적극적으로 나서야 한다.

원하는 미래를
상상하는 방법

끌어당김의 법칙은 매우 단순하다. 그럼에도 이를 이뤄내는 것이 어려운 이유는 내 감정이 내 마음처럼 되지 않기 때문이다. 일상에서도 그렇지만 소원을 비는 그 순간에도 내 바람과 다른 반대의 감정을 불러내는 경우가 많다. 우리가 원하는 것은 우리가 갖지 못한 것이기 때문에 이를 원하는 순간 나의 결핍을 떠올리는 것이다.

'건강했으면 좋겠다.'라는 소망은 현재 완전히 건강하지 않기 때문에 바라는 소망일 가능성이 크다. 따라서 이 소망을 비는 순간 건강하지 않은 나의 상태가 떠오른다. 그래서 이 소망은 건강을 계속 바라게 되는 현실, 즉 온전히 건강하지 않은 상태를 창조하게 된다. '돈이 많았으면 좋겠다.'라는 소망은 돈이 부족하기 때문에 비는 소망일 가능성이 크고, 현재 내가 돈이 부족함을 상기시킨다. 그리고 이 감정 상태는 돈이 많았으면 좋겠다고 소망하는 그 현실을 창조한다. 이는 많은 사람들이 자신의 원하는 바를 여전히 현실에서 창조하지 못하는 이유이기도 하다. 따라서 '소망'의 글보다 이를 바라는 자신의 '마음 상태'가 더 중요하다. 내가 이미 그것을 갖고 있다는 느낌만 가지면 되는데, 그것이 결코 쉽지 않기 때문이다. 나 역시 이 부분이 참 어려웠다. 하지만 많은 시도 끝에 나름의 방법을 생각해 냈다. 바람 뒤에 이런 말을 붙이는 것이다. '~하면 어떨까?'

'내가 건강해지면 어떨까? 그럼 산에 올라가서 멋진 단풍도 구경할 수 있고, 친구들이 여행을 가자고 해도 부담이 없을 거야. 그럼 진짜 좋겠다!'
'내가 유명해지면 어떨까? 그럼 돈도 더 많이 벌 수 있고, 내가 만나고 싶었던 유명한 사람들도 만날 수 있고, 새로운 경험도 많이 하고 정말 신나겠다!'

이런 식으로 상상하면서 생각을 이어나가면 내 감정은 흥분되고 설레면서 기분이 좋아진다. 소원을 바라는 마음으로 소망하면 현재 결핍의 감정이 떠오르지만, '~하면 어떨까? 얼마나 좋을까?'라고 생각하면서 상상을 확장해 가면 훨씬 더 자연스럽고 쉽게 상상할 수 있다. 무엇보다 감정의 흐름이 자연스러워짐을 느낄 수 있을 것이다.

'내게 천만 원이 생긴다면 어떨까? 천만 원이 생기면 난 파리 여행을 갈래. 갈 때는 비즈니스를 탈거야. 에펠탑이 보이는 카페에서 책도 읽고, 지나가는 사람들을 구경해야지. 벼룩시장도 구경하고, 천천히 이곳저곳 걸으면서 온전히 나를 위한 시간을 보낼래. 펍도 가고 예쁜 레스토랑에 가서 우아한 혼식도 해볼 거야! 우와, 상상만으로도 너무 좋네. 낭만적이야!'

이렇게 상상해 보면 소망을 바라는 마음 상태를 갖는 게 훨씬 쉬울 뿐더러 내 안에서 내 소망을 의심하거나 거부하는 느낌이 들지 않는다. 이 방법이 가능한 이유는 끌어당김의 법칙을 '문장'으로 인식하는 것이 아니라 느낌으로 인식하게 되고, 상상을 사실처럼 여기면 뇌 역시 사실 여부나 문장의 정확한 의도를 따지는 게 아니라, 이를 현실로 받아들이기 때문이다.

나 또한 소원을 빌 때 내 안에서 거부감이 들거나 낯부끄럽거나 '이게 진짜 이뤄지겠어?' 하는 의심에 부딪힌 적이 많다. 그러다 보니 소원을 비는 것부터 너무 어려웠다. 소원을 빌 때부터 이런 상황인데 좋은 느낌을 갖는 것이 가능하겠는가? 이런 상황에서 비는 소원은 내 감정이 하나로 될 수 없기 때문에 현실이 될 수 없다. 그래서 아예 가정법으로 순화시켜 말하게 된 것이다. 그러면 상상도 쉽고, 내 안에서도 충분히 상황을 받아들일 수 있게 되니 거부감이 들지 않았다.

이미 소원을 이룬 것처럼 생각하라고 하지만 그게 어렵다면 우선 '~하면 어떨까? ~하면 얼마나 좋을까?'처럼 순화시켜 시도해 보길 바란다. 그렇게 상상이 내 안에서 자연스러워지면 그 후엔 정말 그것이 내 것이 되고, 당연한 것처럼 여겨지고, 그 현실은 곧 눈앞에 와 있을 것이다.

당신이
행동하지 않는 이유

의욕에 넘쳐 계획을 짰는데 지키지 못하는 경우가 나는 참 많다. 그럴 때마다 저질 체력과 게으름을 한탄하면서 자책한다. 다른 사람들은 일도 하고 운동도 하고 외국어나 자격증 공부까지 하면서 척척 잘 만 해나가는 것 같은데, 나는 왜 이렇게 의지박약인가 싶고, 실패자가 된 것만 같다. 그러다 뇌 관련 책을 읽었는데, 나의 이런 행동이 당연하다고 말해주는 내용을 읽고 큰 위로를 받았다.

책 내용을 간단히 정리하면, 우리의 뇌는 무의식적으로 행동하는 부분과 의식적으로 행동하는 부분으로 나뉘어 있다. 이 무의식과 의식은 여러모로 큰 차이가 있는데, 우선 처리 속도가 다르다. 무의식은 슈퍼컴퓨터가 전혀 부럽지 않을 정도의 빠른 속도를 자랑한다. 어떤 자료를 떠올리려고 할 때 슈퍼컴퓨터는 하드 전체를 돌아서 그 키워드를 찾아야 하기 때문에 그만큼의 시간이 필요하지만, 무의식은 그것과 관련된 내용, 또는 전혀 다른 기억도 바로 떠올릴 수 있고 소환할 수 있다. 이렇게 하는 데 필요한 에너지도 아주 적다. 그에 비해 의식적으로 무언가를 하기 위해서는 많은 에너지와 의지가 필요하고 속도 또한 매우 느리다.

무의식적으로 하는 대표적인 것이 운전인데, 운전을 처음 배우고 익힐 때는 의식 영역의 뇌가 활용된다. 그러나 오랜 시간 반복해서 익숙해지면 이 기억이 무의식으로 넘어가서 그 후에는 브레이크를 밟아야 돼, 엑셀을 밟아야지 같은 생각을 매번 하지 않는다는 것이다. 상황에 따라 무의식이 빠르게 판단해서 능숙하게 운전을 한다.

그런데 목표를 이루기 위해 우리가 세우는 계획이나 행동은 의식적인 부분이기 때문에 매번 엄청난 에너지를 써야 하고, 행동에 이르기까지 많은 시간이 소요된다. 우리 몸은 생존을 위해서 늘 가성비 있는 선택을 해왔기 때문에 에너지를 덜 쓰는 쪽을 택하려 한다. 그래서 우리는 늘 계획을 짜지만 이를 실행하기 힘들었던 것이다! 그러니 계획을 지키지 않는 자신의 모습을 한심하게 여기거나 자책하지 말길 바란다. 행동하지 않는 이유는 쓸데없이 에너지를 쓰지 않으려는 인간의 본성이기 때문이다.

행동하지 않는 또 다른 이유도 있다. 노력했지만 실패했던 과거의 경험 때문이다. 열심히 노력했는데 타인이나 외부 문제로 실패한 경험이 있을 경우, 또 이런 경험을 반복해서 겪었다면 나중에는 아예 노력을 하지 않게 된다. 예를 들어 어린 시절 열심히 저금통에 동전을 모았는데, 어느 날 가족 중 누군가가 동전을 전부 가져가버린 경험을 했다거나 열심히 돈을 모았는데 지인에게 사기를 당해서 돈이 다 날아간 경험, 열심히 직장 생활을 했지만 낙하산이 들어와 나를 앞질러가는 경험 등 노력에 배신당한 경험이 있을 때 그렇다. 아버지가 군인이어서 자주 이사를 다녀 수없이 전학을 해야 했던 사람 중에는 애써 노력해서 인간관계 맺는 것을 포기하는 경우도 있다. 집안 사정으로 하고 싶었던 공부나 꿈을 포기하게 되는 등 노력이 물거품으로 되는 일을 경험하는 것도 원인이 될 수 있다.

초등학교에 입학한 우리 둘째 아이도 이런 상황에 빠진 적이 있다. 아이는 책을 읽고 짧은 소감을 적는 독서록 쓰기를 일주일에 3~4개 써야 했다. 그런데 더 많이 쓰면 선생님이 칭찬 스티커를 주셨다. 어떤 주에 독서록을 조금 더 많이 써서 학교에 간 적이 있는데, 그때 칭찬 스티커를 받은 아이는 다른 친구들보다 더 많이 쓰고 싶어 했다. 그때부터 일주일에 10개 이상씩 독서록을 써가더니 1학년이 끝날 무렵엔 350개 가까이 독서록을 썼다. 2학년이 되어 올해도 열심히 독서록을 써보라고 격려했지만, 어쩐지 이번엔 일주일에 최소 요구량인 3~4개만 쓰겠다고 했다. 알고 보니 개학한 지 한 달 만에 어떤 친구가 이미 70개를 썼다는 것이다. 이건 도저히 따라갈 수 없는 양이었고, 너무 격차가 벌어져 있으니 아예 포기해 버린 것이다. 고작 아홉 살짜리 아이도 이런 선택을 한다.

우리가 행동하지 못하는 이유에는 여러 가지가 있다. 우리의 뇌는 이런 선택을 만든다. 우리의 뇌는 아직도 원시시대의 뇌와 비슷한 상태지만, 우리가 살고 있는 시대는 너무나 빠르게 발전했고, 사회는 점점 더 높은 능력을 요구하고 있다. 물론 그런 사회적 요구에 맞춰 능력을 발휘하는 소수의 사람도 있고, 그런 존재가 있어 우리는 더 빨리 포기하기도 한다. 그건 우리가 게으르거나 문제가 있어서가 아니다. 뇌는 원래부터 그렇게 생겨먹었다. 자책하지 말아야 하는 이유다.

게으른 내가
목표를 이루는 법

살던 집이 경매에 붙여지고, 집안은 희망이 없고, 자기계발 책 속 이야기들만이 유일한 희망이었던 20대 초. 나는 늘 빡빡한 계획을 세우고 높은 목표를 향해 노력하다가 실패해서 자책하는 과정을 반복했다. 올해는 더 굳은 결심을 했으니 더 나은 한 해를 보낼 것이라 믿고 싶었지만, 그해도 여전히 작년과 비슷했고 나아질 기미는 보이지 않았다. 그리고 많은 경험치가 쌓이고 내 자신에 대한 이해도가 높아진 40대가 되어서는 높은 목표와 빡빡한 계획을 세울 생각조차 아예 하지 않는다. 도리어 게으른 나를 데리고 어떻게 이 험한 세상을 살아낼 것인가 하는 심각한 질문을 하고 있을 뿐이다. 그럼에도 누군가에게 비춰지는 나는 많은 것을 해내고 있는 대단한 사람인 듯해서 몸둘 바를 모를 때가 있다.

"소피아님은 책도 쓰시고, 유튜브도 하고, 강연도 하고, 아이도 키우면서 그 모든 것을 다 해내시니 정말 대단하세요! 하루 루틴이 어떻게 되세요? 정말 부지런하세요!"

이런 이야기를 들을 때마다 정말 게으르고 목표 없이 대충대충 하루를 보내버리는(이라고 쓰고 낭비라고 읽는다) 사람이라고 말하지만, 이를 또 겸손의 표현이라고 받아들이는 경우가 있다. 세상에! 실제 나는 사람들이 상상하는 부지런함의 극 반대쪽에 위치한 사람이다. 내 실제 모습을 보면 얼마나 실망할까 싶을 정도다. 괜히 사람들을 속이고 있는 것 같아 죄를 지은 듯 송구스러운 마음도 든다.

하지만 결과로만 보면 그렇게 생각할 법도 하다. 나는 실제 아이를 혼자 키우면서(첫째는 어린이집에도 가지 않았다) 유튜브와 강연을 하고, 거의 매년 책을 출간해 오고 있다. 유튜브나 집필은 결과물이 있는 작업이라 육아나 살림을 하는 것에 비해 직접적으로 티가 난다. 내가 부지런해 보이는 것은 티가 나는 일을 하기 때문이라고 생각한다. 하지만 이것도 결과라면 결과이니, 게으른 내가 지금까지 티나는 결과물을 만들어온 나름의 노하우를 말해보려 한다. 수년간 여러 방법을 시도해 본 끝에 정착한 나만의 방법인데, 이 방법이 무의식의 도움을 받아 성공할 수 있었다는 것을 알게 되었다. 어떤 방법일까?

눈을 뜨자마자 가장 하고 싶은 일을 하는 것이다. 나는 아침에 눈을 뜨면 전기포트의 버튼을 누르고 화장실에 간다(너무 자세한가?). 전기포트 물이 끓으면 차를 한 잔 타서 노트북 앞에 앉는다. 그리고 그냥 글을 써내려 간다. 글을 잘 쓰려고 하면 에너지가 너무 많이 들고, 속도가 느려지고, 때론 더 이상 글이 써지지 않을 때도 있기 때문에 잘 쓰려고 하지 않는다. 그냥 친구에게 수다 떨듯(독자와 수다 떨듯) 글을 써 내려간다. 그냥 죽죽 뽑아내는 느낌으로 멈추지 않고 쓴다. 오타나 맞춤법은 무시하고 일단 써내려간다. 오늘 쓸 주제는 이전에 정리해 놓은 목차에서 뽑을 수도 있지만, 대부분은 그 순간 떠오르는 주제로 시작한다. 글을 쓰다 딴 길로 빠지는 경우도 태반인데, 그럼 다시 원고를 쪼개서 두 개의 원고로 나눠 쓰면 된다.

이런 식으로 원고의 양을 늘리고 딴 길로 새서 나온 목차의 개수를 늘려간다. 한두 시간 정도 쓰고 집중력이 떨어질 때 즈음 글을 그만 쓴다. 이렇게 쌓인 완벽하지 못한 원고들은 일단 어느 정도 모인 후에 다시 보면서 수정해 간다. 책을 쓰는 일은 매우 창의적인 일이지만, 최대한 자연스럽게 아무 생각 없이 루틴화해서 쓰려고 노력한다. 그렇게 하다보면 무의식의 영역에서 내용이 나오고 글이 써진다는 기분이 들 때가 있다. '신이시여, 이 내용이 진정 내가 쓴 것이 맞는 것입니까!'라는 기분이 든다. 눈 뜨고 제일 먼저 습관적으로 글을 쓰는 이 루틴 덕에 나는 약한 의지력을 이겨내고 지금까지 수권의 책을 낼 수 있었다.

이 방법의 효과를 본 후, 운동에도 이 방법을 적용했다. 아이 학교

근처에 수영센터가 있었는데, 매일 아침 아이를 9시 이전에 등교시키고 바로 그 옆 수영장에 가서 9시 타임 수영을 했다. 내 의지로 수영장에 가는 것이 아니라, 아이를 등교시키는 일에 붙여서 내 몸을 수영장에 집어넣는 것이다. 일단 수영복을 갈아입고 물속에 들어가면 이젠 강사님이 운동을 하도록 강제하기 때문에 이렇게 오운완(오늘 운동 완료)에 성공하는 것이다. 이 루틴을 만든 덕분에 새로운 운동을 1년 넘게 지속하고 있다.

자신의 의지력에 기대지 말자! 목표를 세우는 대신 어쩔 수 없이 진행되는 루틴을 만들고, 그냥 아무 생각 없이 행동에 옮기는 편이 목표를 이룰 확률이 훨씬 높다. 그리고 그 루틴은 아주 작은 의지로도 진행될 수 있도록 세팅하자. 의지로 목표를 이루는 것이 아닌, 어쩔 수 없이 하게 되는 행동으로 자연스럽게 결과물이 나오도록 말이다.

5장

의식적 창조를 위한
준비와 실행

내 안의
나를 찾는 명상법

나는 20대 초반에 요가를 하면서 명상이란 것을 처음 접했는데, 당시 나에게 명상은 운동을 시작하기 전 숨 고르는 용도였다. 그러다 어느 날 명상을 하면서 몸이 사라지고 시간이 왜곡되는 현존의 경험을 한 후로 명상에 관심이 많아졌다. 명상을 통해 내가 느낀 그 또렷함은 내 안에 또 다른 내가 있다는 것을 알게 해준 소중한 순간이었다. 지금은 나 자신으로 살기 위해 명상을 한다. 명상은 나 자신을 돌아볼 수 있게 해준다. 시끄러운 세상 속에서 고요한 시간을 갖는 것은 이 시대에 휩쓸리지 않고 나로 살아가기 위해 꼭 필요한 행위라고 생각한다.

명상은 아무 제약도 없고 언제 어디에서도 할 수 있다. 전혀 돈도 들지 않고 준비물도 필요 없다. 가부좌를 꼭 틀고 조용한 장소에 앉아서 할 필요도 없다. 지하철을 기다리는 그 순간 바른 자세로 서서 할 수도 있고, 점심을 먹고 짧은 산책을 하면서 걷기 명상을 시도해 볼 수도 있다. 명상을 더 쉽고 가볍게 여기면서 일상 속에 접목해 보길 바란다. 지금부터 누구나 할 수 있는 가장 쉬운 명상법을 소개한다. 이를 기본으로 장소에 구애받지 말고 다양한 자세로 시도해 보길 바란다.

편안한 자세 취하기

명상을 할 때 편안한 자세를 취하는 것은 중요하다. 편안한 자세는 바른 자세를 의미하기도 하는데, 몸이 뒤틀려 있거나 불편한 자세일 경우 그 불편한 곳에 자극이 오기 때문에 집중을 방해할 수 있다. 바닥에 앉건 서 있건 눕건 간에 최대한 바른 자세를 만들어보자. 앉을 때는 허리를 바로 세우고 팔은 무릎 위에 편하게 얹어놓는다. 서서 명상할 때도 두 발을 11자로 편하게 두고 등을 펴고 턱을 당겨 옆에서 봤을 때 내 몸이 일자로 서 있도록 한다. 누워서 명상할 때도 온몸이 편안한 상태로 일자로 누워 온몸에 힘을 계속 빼본다.

숨 깊게 내쉬기

깊게 숨을 들이마시고 내쉬는 것은 명상의 기초인데, 생각보다 바른 자세를 취하고 숨을 쉬는 게 잘 되지 않는 경우가 많다. 늘 하는 숨쉬

기여도 제대로 깊게 해보려고 하면 답답하고 숨이 잘 안 쉬어진다. 숨을 쉴 때 어깨가 들리고 가슴이 올라가기도 한다. 편안하고 깊게 호흡하는 것을 연습해야 한다.

먼저 코로 숨을 천천히 내뱉는 것부터 시작해 본다. 숨을 뱉을 때에는 배가 쏙 들어가도록 내 몸 안에 있는 모든 공기가 배에서 빠져나가는 느낌으로 숨을 뱉는다. 다 뱉은 것 같을 때 조금 더 뱉어본다. 조금 더, 조금 더 뱉어본다. 다 뱉은 것 같아도 계속 뱉어보면 숨이 더 나온다. 진짜로 더 이상 뱉을 숨이 없다고 생각되면 이제 숨을 들이마셔보자. 그럼 엄청난 양의 숨을 저절로 들이마실 수 있을 것이다. 그리고 다시 끝까지 뱉는다. 이 과정을 반복해 보면 점점 더 많은 양의 숨을 들이마실 수 있게 된다. 호흡이 확실히 자연스럽게 깊이 잘될 것이다. 명상을 할 때 호흡이 가장 중요한데, 숨을 마시는 것이 아닌 이렇게 뱉는 것부터 시작하면 누구나 깊고 느린 호흡을 잘 해낼 수 있다. 감정 기복이 심할 때, 내가 원치 않는 감정에 빠져 있을 때 이렇게 호흡을 하면 긴장이 풀어지고, 내가 원하는 의식 상태로 돌아오는 데도 도움이 된다. 점점 속도를 늦추고 더 깊은 호흡을 연습하자.

집중하기

명상은 의식적인 주의를 통해 현재의 순간에 집중하는 것이다. 처음에는 집중하기가 매우 어려울 것이다. 조금 뒤에 해야 하는 일들이 떠오르고, 뭘 먹지? 설거지해야 되는데…. 이런 잡생각이 계속 떠오른다. 이를 억지로 없애려고 해봤자 그 생각이 하나 더해질 뿐이다. 떠오르는 생각들은 그저 흘려보내려 노력한다. 어떤 이들은 주변의 거슬리는 소음이나 상황 때문에 집중하기 어렵다고 하는데, 물론 조용하고 고요한 음악이 흐르는 곳에서 집중이 잘 되긴 하지만, 시끄러운 상황에서도 명상은 가능하다.

눈을 감고 호흡에 집중해 보자. 숨을 쉴 때 연기가 코에서 나가고 들어온다는 상상을 하고 그 연기를 바라본다고 생각하자. (눈을 감고 있는 상태에서) 미간이나 코끝을 바라보는 느낌으로 호흡에 집중한다. 호흡에 집중하면서 몸의 힘을 계속 뺀다. 얼굴의 주름을 펴보고, 자세는 흐트러지지 않았는지, 등을 곧게 폈는지 상태를 살펴보면서 바른 자세를 만들고 유지한다. 자신의 호흡을 느끼고 몸에 힘을 빼가면서 현재에 집중한다.

도움받기

유튜브에 명상음악이라고 검색하면 명상하기 좋은 음악들도 많이 나오고 가이드 영상도 많다. 이것을 틀어놓고 연습해 보는 것도 좋다. 뭔가를 얻기 위한 목적을 갖고 하는 명상은 그 자체로 또 하나의 임무나 스트레스가 될 수 있으니 주의하자. 그저 편안하고 고요한 시간을 위해 다양한 모습의 명상을 시도해 보길 바란다.

나의
진짜 소원 찾기

당신의 소원은 무엇인가? 그것이 당신이 진정으로 원하는 소원인가? 우리 모두는 각자 다른 사람이고, 가진 재능도 모두 다르다. 그럼에도 사람들이 말하는 소원의 가짓수는 몇 가지로 한정되어 있는 것 같다. 아마도 그 시대에서 성공할 수 있는 분야가 있고, 시대에 따라 선망하는 삶의 모습이 있기 때문에 이 기준에 내 소원이 자연스럽게 맞춰지는 경우가 많기 때문일 것이다. 물론 자신이 나고 자라고 살고 있는 사회의 욕망에 자신의 욕망이 맞춰지는 것은 자연스러운 일이다. 하지만 그 소원과 내가 가진 능력이 자연스럽게 어울릴 수 있는 것을 찾는 것은 매우 중요하다. 이를 위해 계속 질문하고 나의 느낌을 살펴봐야 한다.

이 꿈이 정말 나의 꿈이 맞아?

이런 소원을 갖게 된 이유는 뭐야?

이 소원이 이뤄진다면 어떨 것 같아?

이 소원을 생각하는 나의 감정은 어때?

이렇게 끝없이 물어봐야 한다. 내 생각을 의심해 보는 것이다. 내가 원하는 것인 줄 알고 있었는데 사실은 다들 좋다고 하니 소원이 된 것일 수도 있다. 내가 갖고 있는 잠재된 능력을 끌어내서 행동하고 원하는 미래를 만들기 위해서는 내 속마음과 의식의 생각이 같은 느낌을 갖는 게 중요하다. 이를 위해서는 꿈의 설정부터 제대로 되어야 한다. 그런데 너무 많은 사람들이 남의 꿈을 자신의 꿈으로 만들어놓고 이를 끌어당겨보겠다고 시도한다. 그러니 성과가 안 나오고, 그러면 다시 꿈을 바꾸고 그 꿈을 끌어당기며 시간을 허비한다. 꿈이 이뤄졌을 때 고조된 느낌을 갖는 대신, 의심하고 못 미더움을 더 많이 느끼면서 말이다.

소원이나 꿈을 떠올렸을 때 어떤 느낌이 드는지 자신의 마음을 면밀히 살펴보자. 의심이 들거나 딱히 내가 시도해 볼 만한 마땅한 액션 플랜이 떠오르지 않는다면 다시 생각해 봐야 한다. 예를 들어 '100억 부자'라는 꿈을 갖고 있다고 했을 때 100억 부자의 꿈을 이루기 위해서는 로또에 당첨되는 수밖에 없다는 생각이 들고, '내가 이렇게 아무것도 안 하고 100번 소원 쓰기나 독서만 하고 있는데 정말 부자가 될 수 있을까?'라는 의심이 떠오른다면 이는 진짜 나의 소원이 아닐 가능성이 크다. 유튜브나 책을 보는 그 순간은 가슴이 뛰고 동기부여도 되고 기분이 참 좋다. 하지만 이렇게 외부에서 온 동기부여나 외부를 통해 만들어진 소망은 결코 오래가지 못한다. 자신의 내면에서 나온 게 아니고 타인의 소망이기 때문이다. 내 안에서 내 스스로가 확신을 갖고 나온 것이 아니란 의미는 무의식의 영역이 아닌 온전히 의지로 애써서 노력해야 한다는 뜻이다. 이런 꿈은 빠른 시일 안에 분명 스스로를 지치게 한다.

반대로 내 안에서 나온 꿈과 목표는 스스로 동기부여가 되고, 그 과정이 매우 자연스럽다. 어려움이 있더라도 분명한 즐거움이 공존한다. 즐겁고 자연스럽기 때문에 덜 지치고 오래 지속할 수 있다. 동기부여 영상 보기, 책 보기, 100일 소원 쓰기, 미라클 모닝을 하기 전에 잠시 멈춰서 스스로에게 물어보자. 내가 하는 행동이 정말 나에게 도움이 되는 것일까? 나의 소망들을 나열해 본 후, 하나하나 질문으로 검증해 보자.

이 꿈이 정말 나의 꿈이 맞아? 타인의 모습에서 갖고 싶은 타인의 꿈은 아니야?
사회에서 인정받기 위한 목표가 꿈이 된 건 아니야?

부모나 주변 지인과 전혀 상관없이 내가 갖고 싶은 꿈은 뭘까?

돈을 얼마나 버느냐와 상관없이 갖고 싶은 꿈은 뭐야?

나의 진짜 꿈을 설정하는 것, 내가 진짜 원하는 모습을 찾는 것에서부터 내가 원하는 현실 창조는 시작된다. 그리고 이 과정은 누구도 도와줄 수 없다. 이를 위해 엄청난 시간을 쓰는 것을 각오해야 한다. 수년이 걸릴 수도 있고 꿈이 계속 변경될 수도 있다. 하지만 그 과정은 소중하다. 그럴 만한 가치가 충분하다. 그 과정이 느려 보여도 결과적으로는 가장 빠른 방법이다. 이 과정을 건너뛴다면 더 많은 시간을 낭비하고 어느 순간 지치게 될 것이다. 그리고 그 꿈은 결코 이루어질 수가 없다.

중요한 점은 소원을 떠올렸을 때 내 감정이 자연스러운지 살펴보는 것이다. 내 기분을 잘 살펴보며 의심하고 질문하다 보면 진짜 자신이 원하는 것을 발견할 수 있다. 그래도 여전히 잘 모르겠다면 한 번 죽어보라고 권하고 싶다.

한번 죽어볼 것

'어떻게 살아야 하는가?'

늘 나를 따라다니는 질문이었다. 그리고 연이어 죽을 때 가장 후회되는 것이 무엇인지 안다면 어떻게 살아가야 하는지 방향이 나올 것 같은 생각이 들었다. 그래서 시도해 본 것이 '임종 체험'이다. 서울에는 임종 체험을 해볼 수 있는 곳이 몇 군데 있다. 나는 당시 내가 이끌던 여성 모임 회원들과 함께 그중 한 곳을 예약한 뒤 방문했다.

처음에는 죽음에 대한 강연을 듣는다. 그다음 죽어보는 체험이 시작된다. 영정 사진도 찍고 촛불 앞에서 유서도 작성한다. 한 장의 종이에 이 세상에 남기는 마지막 글을 써야 한다고 생각하니 펜을 들자마자 눈물이 쏟아졌다. 임종 체험을 하는 곳은 전문기관이기 때문에 체험이기는 해도 정말 죽음을 실감할 수 있다. 너무나 실감나서인지 유서를 쓰는 시간은 정말 울음바다가 된다. 나도 자식을 두고 떠난다는 생각에 얼마나 눈물이 났는지 모른다.

유서를 쓰면서 첫 번째 등장한 사람은 남편이었다. 그땐 결혼한 지 얼마 되지 않았을 때였기에 당연히 부모님이 먼저 생각날 줄 알았는데, 남편 이름이 먼저 떠올라서 나조차도 놀랐다. 아이를 남겨놓고 떠나야 하니 아이를 돌봐줄 남편이 가장 중요한 사람이 된 것이다. 그다음엔 딸아이(그땐 첫째 아이만 있었다)가 생각났다. 나 없이 살아가야 할 시간 동안 기억했으면 하는 이야기를 딸아이에게 적었다. 그리고 나를 키워주신 부모님과 시댁 식구들, 마지막으로 남동생에게 남기고 싶은 말을 적었다. 그렇게 유서가 마무리되었다. 유서를 쓰고 나니 내게 소중한 사람들이 누구인지, 또 그 중요 순위는 어떻게 되는지 단번에 알 수 있었다.

당시 나는 어떤 사람 때문에 마음고생을 하고 있었는데, 죽을 때 보니 그 사람은 조금도 생각나지 않았다. 현실에서 지금 나를 괴롭히거나 힘들게 하는 누군가도 죽을 때는 단 한순간도 생각나지 않을, 그냥 그렇게 지나가는 사람일 뿐이라는 것을 깨달았다. 그 후부터 나를 힘들게 하거나 마음 쓰이는 사람이 있으면 '어차피 죽을 때 1초도 생각 안 날 사람'이라는 걸 떠올렸더니 마음이 한결 가벼워졌다.

눈물로 범벅이 된 유서를 쓰고 나면 내 영정 사진과 유서를 놓고 관에 들어간다. 그리고 관 뚜껑이 닫히면 칠흑 같은 어둠이 덮친다.

눈을 떠도 온 세상은 어둠이다. 정말 죽은 것 같은 느낌이 들고, 갑자기 필름이 타타타타 눈앞을 지나간다. 죽음이 다가오면 살아온 인생 필름이 눈앞에 차르르 지나간다더니, 정말 사실이었다. 내 눈앞에 지나간 필름 사진은 가족과 함께한 여행 장면이었다. 아이들과 보냈던 여행의 순간순간이 타타타타 눈앞을 지나갔다. 짧은 순간이었지만, 그간의 삶의 모습이 다 담긴 것 같은 느낌이었다. 그 장면 속의 나는 무척 행복해 보였다. 다행이라는 생각이 들었다. 죽은 후에 내 표정이 행복한 모습일 것 같아 참 감사하다는 생각도 했다. 그리고 잠시 뒤 관 뚜껑이 열렸다. 빛이 쏟아져 들어왔고, 난 다시 태어났다!

죽음을 체험해 보면서 놀라웠던 것은 내가 그동안 이뤘던 커리어나 성과, 영광의 순간, 회사에서 인정받았던 순간 같은 장면은 단 한 장면도 없었다는 사실이었다. 죽는 순간 더 이루지 못한, 더 갖지 못한 것에 대한 아쉬움은 전혀 없었다. 관이 열리자마자 제일 먼저 들었던 생각은 '가족과 더 많이 여행을 다니고, 더 많은 추억을 쌓아야겠다!'는 다짐이었다. 그리고 유서에 적혀 있는 사람들에게 잘하고, 그들에게 더 많은 시간과 사랑을 줘야겠다고 생각했다.

현실에서 종종 느끼곤 했던 게으른 나에 대한 죄책감, 한탄, 못 이룬 목표, 갖지 못한 것들에 대한 욕망은 죽을 때 단 하나도 떠오르지 않는다는 사실은 내가 삶의 방향을 결정하는 데 아주 큰 도움이 되었다. 지금 나를 짓누르는 현실의 커다란 문제도 죽을 때는 단 1초도 생각나지 않을 아주 하찮을 문제일 가능성이 크다. 나 자신에 대한 기대와 욕심, 그리고 그만큼 쫓아가지 못한 나 자신에 대한 실망이나 죄책감 대신, 그래도 괜찮았다고 잘했다고 진심으로 말해줄 수 있게 되었다. 멀리 보면 사소한 일이 될 테니, 이 작은 일로 스스로를 괴롭힐 필요가 없다는 것을 분명히 알았다.

임종 체험을 하고 나서 인간관계를 많이 정리했다. 죽는 순간 생각조차 나지 않는 사람들에게 쓰는 에너지와 시간을 가족에게 더 써야겠다고 다짐했다. 임종 체험 후 여러 개의 단톡방에서 나오고, 휴대전화에서 전화번호도 많이 지웠다. 그리고 하루하루를 행복하게 보내야겠다고 생각했다. 일보다 가족이 먼저고, 가족과 보내는 행복한 시간이 나의 삶에서 가장 중요하다는 것을 확실하게 깨달았다. 임종 체험을 해본 사람들은 저마다 다른 감정을 느낄 것이다. 나는 일에서의 목표나 돈을 버는 행위는 가족들과 추억을 쌓기 위한 수단일 뿐이지, 그 자체가 우선되거나 가족과의 시간 위에 배치되지 않아야 한다는 걸 느꼈다. '죽을 때 보면 아무것도 아니야. 돈 싸들고 갈 것도 아니잖아!' 하는 생각.

누구든 꼭 한번은 죽어보라고 권하고 싶다. 죽음을 생각하니 더 잘 살 수 있게 되었다!

오늘도 나는
이기적으로 산다

우리가 보는 세상은 눈앞에 보이는 그 장면뿐이다. 등 뒤의 세상을 볼 수는 없다. 그런 면에서 내가 바라보고 있는 장면으로 게임이 진행되는 슈퍼마리오 카트 게임을 하는 것과 비슷하다. 물론 뒤를 돌면 등 뒤의 세상을 볼 수 있지만, 그건 그 세상이 다시 나의 앞쪽이 되었기 때문이다. 그러니 나는 여전히 나의 뒤를 볼 수 없다.

나의 세상도 마찬가지다. 내가 이 세상에 태어나면서 나의 세계와 나의 시간은 시작되었다. 그리고 내가 눈을 감으면 세상은 끝이 난다. 물론 나는 아이 둘을 낳았기 때문에 그 아이들의 세상은 계속되겠지만, 여기서 말하는 것은 나의 세상이다. 나의 세상은 내가 태어나서 눈을 감을 때까지만 존재한다. 그렇기 때문에 세상은 내가 있어 존재하는 것이고, 내가 없다면 (내게) 의미가 없다. 나의 세상은 결국 나를 중심으로 돌아가는 것이다.

나는 내향적이고 타인의 감정을 조금 예민하게 읽는 편이기 때문에 어떤 행동을 하기에 앞서 타인의 반응을 생각해 본다거나 다른 이들의 감정을 생각하며 행동할 때가 많다. 그러다 보니 하고 싶은 대로 행동하지 못하거나 걱정이 앞서 소심하게 행동하는 경우가 많다. 그래서 늘 자신이 하고 싶은 대로 마음껏 표현하는 사람들, 과감하게 시도하는 사람들이 부럽다. 나에게는 어려운 일이니까 말이다. 하지만 세상이 나를 중심으로 돌아가고 나의 세상임을 알게 된 후에는 조금 더 나의 욕구대로 행동하고, 나를 중심으로 선택할 수 있었다.

세상에는 자신의 삶임을 인식하지 못하고 타인과의 관계에 얽매여 원망하고 후회하는 삶을 살고 있는 이들이 많다. 고민 상담하는 TV 프로그램을 보면 아들만 좋아하는 엄마에게 차별을 받고 자란 딸이 여전히 엄마의 사랑을 갈구하며 고통받는 이야기, 평생 부모와 형제를 위해 양보하거나 희생하며 살아왔는데 아무도 이를 인정해 주지 않아 상처받은 사람들의 이야기가 자주 소개된다. 자신이 무엇 때문에 이렇게 희생을 했던가 하는 생각에 억울한 생각이 들고, 그 후회와 원망이 터져 나오면서 가족과의 관계는 더 악화된다.

상황을 이렇게 만든 건 그 누구도 아니다. 이런 선택을 한 내 자신이다. 물론 어쩔 수 없는 상황 때문에 그런 선택을 했겠지만, 다른 선택을 할 수 있는 기회가 아예 없지는 않았을 것이다. 그런데도 이런 상황을 지속해 왔다면 그건 자신의 선택이었음을 깨달아야 한다. 이 사실을 받아들이는 것부터 이 상황을 변화시키는 시작이 될 수 있다.

나의 선택이었고, 나의 잘못이 있음을 인정한 후에 나의 상처를 스스로 안아주고 위로해 주어야 한다. 그리고 '이제부터 나의 삶을 살기로 결심'하는 것이다. 내가 눈을 떠야 시작되고, 눈을 감으면 사라지는 세상이다. 좀 더 이기적으로 살아도 괜찮다. 나의 세상에서 그런 선택은 정말 당연한 것이다. 내 즐거움이 없고, 내 행복이 없고, 내가 하고 싶은 대로 살지 못하는 삶은 나를 죽이는 세상이다.

결국 행복을 느끼는 것은 '나'다! 물론 타인을 통해 행복을 느끼는 경우가 있으니 타인이 행복해야 내가 행복하다고 말할 수도 있지만, 그렇지 않다. 그것은 그저 내가 바라보는 세상에서 타인이 행복해하는 장면이 나온 것이고, 내가 그 장면을 보고 웃고 즐기는 것이니 이 역시 나의 선택에 달린 것이다. 따라서 어떤 상황 때문에 행복이 만들어지는 것이 아니라, 내가 행복을 택하느냐, 불행을 택하느냐에 따른 선택의 문제일 뿐이다.

나의 육아 목표는 아이가 자립해서 행복하게 사는 것이다. 아이가 행복하기 위한 상황을 부모가 만들어주는 것은 한계가 있기 때문에 수많은 상황 속에서 행복을 택할 수 있는 사람, 다시 말해 즐거울 때는 더 크게 즐겁고, 불행을 만날 때는 그다음에 등장할 행복한 장면을 기대하고 힘을 내서 불행의 시간들을 굳건히 이겨낼 수 있는 사람으로 키우는 것이 나의 육아 목표다. 아이가 자라서 자신의 행복을 이기적으로 택할 수 있길 바란다.

많은 나이는 아니지만, 인생의 절반쯤을 걸어오면서 알게 된 사실이 있다. 행복한 사람은 똑똑하거나 재능이 많거나 돈이 많거나 성공한 사람이 아니다. 남들은 무덤덤한 상황에서도 즐거움을 찾아낼 수 있는 사람, 크게 웃는 사람, 남들은 절망하는 상황에서도 감사함을 찾아내서 희망을 가질 수 있는 사람, 즉 행복할거리가 다양하고 쉬운 사람, 행복감을 많이 경험해 본 사람이 가장 행복한 사람이다. 나도 그런 사람이 되고 싶고 아이도 그렇게 키우고 싶다. 당신도 더 행복해졌으면 좋겠다.

우리는 행복할 자격이 있고, 더 행복해질 수 있다. 나 자신을 내 스스로가 세상에서 제일 사랑해 주기로 결심하자. 누구에게 비교해도 부족하지 않을 그런 사랑을 온전히 내 자신에게 쏟아부어 보자. 내 스스로의 사랑이 너무나 충분해서 타인의 사랑은 덤으로 더해지는 것일 뿐, 타인에게 사랑을 요구하거나 기댈 필요가 없는 사람이 되자. (그런데 내 자신을 사랑하게 되면 타인도 자연스럽게 나를 사랑해 준다.) 나 자신의 행복과 즐거움을 중심에 두고 선택을 해보자. 점차 세상의 중심이 나 자신으로 옮겨올 것이고, 나의 세상임을 깨닫게 될 것이다. 내가 없다면 이 세상은 아무런 의미가 없다.

끌어당김의 법칙에서
행동이 필요한 이유

끌어당김의 법칙은 내가 살고 싶은 삶의 모습을 이미 이뤘다고, 가졌다고 생각하면 정말 그렇게 된다는 단순한 명제를 바탕으로 한다. 노력과 행동으로 꿈꾸던 결과가 만들어지는 것이 아니라, 생각을 통해 같은 주파수의 바람과 소망이 끌어당겨진다는 게 끌어당김 법칙의 원리다. 그러다 보니 끌어당김 법칙에서 행동을 놓치는 경우가 많다. 또는 전혀 도움이 안 되는 행동을 하면서 시간과 에너지를 쓰는 경우도 너무나 많다.

정말 끌어당김의 법칙이 이뤄진 듯 갑자기 내가 바라던 현실이 눈앞에 펼쳐질 때가 있다. 전혀 예상치 못한 그 과정이 놀랍고 신기해서 이런 경험을 할 때마다 끌어당김의 법칙을 믿을 수밖에 없게 된다. 나는 생각이 현실을 만들어낼 수 있다고 믿는다. 어떤 노력이나 행동 없이 현실이 창조되는 경험도 해보았다. 예를 들어 내가 어떤 유명인을 생각하고 가게 문을 열고 나갔는데, 그 사람이 코앞으로 지나간 적도 있었다. 그와 사진을 찍어 SNS에 올리면서 #끌어당김의법칙이라고 적기도 했다. 내가 필요하다고 생각했던 사람이 때마침 나타나 도움을 준 적도 많다. 분명 내가 그 소원을 마음속에 품어온 것도 관련된 행동을 한 것도 아니다. 이것은 분명 끌어당김의 법칙으로 설명할 수 있는 일이다. 나는 이런 상황을 많이 경험했고, 끌어당김의 법칙에 상상만 제대로 할 수 있다면 행동은 정말 할 필요도 없다고 분명 믿고 있다. 다만 상상을 제대로 하는 것이 어렵기 때문에 꿈을 이루기 위해서는 행동이 필요하다고 주장하는 것이다.

상상한 것이 현실로 펼쳐지기 위해서는 그 생각과 느낌이 지속되어야 한다. 언제 물질화될지 모르기에 그때까지 상상을 일관된 느낌으로 고수해 나갈 수 있어야 하는데, 이를 위해 '행동'이 중요해진다. 우리는 아직 몸과 생각이 붙어 있고, 꿈과는 괴리감 있는 현실 속에서 이성이 개입된 채 살고 있기 때문이다. 이때 이성을 설득하고 의심을 거두기 위해 가장 좋은 방법은 '행동'하면 된다. 즉 생각과 감정을 공고히 하기 위해 필요한 것이 '행동'이다.

행동은 마음을 집중하는 데 도움을 준다. 생각의 힘을 더욱 강하게 하는 데 도움이 되기 때문에 행동해야 한다. 좋은 대학을 꿈꾸는 두 사람이 있다고 하자. 한 명은 책상 앞에 원하는 대학을 써놓고 사진도 붙여 놓았고, 그 대학에 자신이 이미 다니고 있는 듯한 심상화를 매일 열심히 한다. 이를 위해 이미 그 대학에 가서 캠퍼스를 걸어보며 충분한 감정을 느껴보기도 했다.

다른 한 명은 그 대학에 가고 싶다는 꿈을 갖고 열심히 공부한다. 시험을 잘 치기 위해 계획을 세우고 공부에 집중한다. 그 대학에 가려면 30점은 끌어올려야 하는데, 30점을 올린다고 생각하면 포기하고 싶어지기 때문에 매 시험 5점씩만 올리자고 목표를 정했다. 지금 이 순간에 열심히 집중하고, 이번 시험에서 5점을 올린다면 좋은 대학에 조금 더 가까워질 것이다. 시험 때마다 점수가 5점씩 오르고 있기 때문에 자기 확신이 점점 커지고 있다. 좋은 대학을 가는 상상이 실감나고, 그 가능성에 가슴이 두근거린다.

자, 과연 누가 좋은 대학에 갈 확률이 높을까? 당연히 후자일 것이다. 후자가 물리적으로 공부를 더 많이 했기 때문에 좋은 대학에 갈 것이라는 건 당연하지만, 끌어당김 법칙의 관점에서 보더라도 공부를 적게 한 사람은 공부를 안 하는 현실을 몸으로 체감하고 있기 때문에 자신에 꿈에 대한 가능성에 점점 불신이 생기고, 따라서 꿈을 이룰 확률이 적어진다. 자신의 상상력을 믿지 못하고 스스로를 설득하지 못하고 만 것이다. 그러면 대학 캠퍼스를 거니는 상상은 점점 방해를 받게 된다. 반면 후자처럼 직접 행동하면 이성도 설득하고 몸도 믿을 수 있게 된다.

그래서 행동이 필요하다. 여기에서의 행동은 꿈을 이뤄가는 과정이라기보다 내가 나의 상상을 확고하게 믿을 수 있도록 도와주는 작용이라고 강조하고 싶다. 매일매일 운동을 하면 내 몸에 근육이 생길 것이라고 믿는 것이 쉬워진다. 좋은 몸매가 된 내 모습을 상상하는 게 훨씬 자연스럽고, 의심이 줄어들기 때문에 이뤄질 가능성도 높아진다.

그래서 어떤 바람을 가질 때는 내가 지금 당장 할 수 있는 행동 계획을 끌어내는 습관을 가져야 한다. 그렇게 나온 '액션 플랜'을 매일매일 실행에 옮기는 것이 가장 자연스럽게 소원을 상상할 수 있도록 하고, 그 상상을 현실로 빨리 이뤄지게 만드는 방법이다. '내가 이 행동을 지속하면 결과가 이렇게 될 거야.' 이런 자연스러운 믿음과 좋은 기분으로 나의 상상이 공고해지고, 결국 그 상상이 현실을 창조하게 되는 것이다. 그래서 항상 끌어당김 노트를 쓸 때는 내가 원하는 상황을 이루기 위한 행동이 무엇인지 물어야 한다.

'이것을 이루는 데 어떤 행동이 필요할까? 이 중에 내가 지금 바로 할 수 있는 것은 무엇일까?'

이런 질문을 통해 스스로 액션 플랜을 만들어나가야 한다. 액션 플랜에서 가장 중요한 것은 너무 먼 미래의 플랜이 아니라 지금 당장 짧은 시일 안에 내가 행동으로 옮길 수 있는 플랜이 좋다는 점이다. 여러 아이디어를 가능성 검증 없이 우선은 일단 모두 쏟아낸 후,

그중에서 바로 행동으로 옮길 수 있는 것부터 시작하면 된다. 아무리 작은 행동이라도 말이다. 나의 상상에 도움이 되면 무조건 해야 한다. '행동함으로써 믿음이 생긴다.'는 말을 명심해야 한다.

액션 플랜을
끌어내는 법

끌어당김 노트의 첫 번째 목표는 내 안의 생각들을 끄집어내는 것이다. 노트를 쓰다보면 욕심이 생겨 해결책과 방법을 뽑아내는 것이 목표가 되는 경우가 생기는데, 이 역시 자연스럽게 나와야 하는 것이라 우선은 이를 목표로 하기보다 계속 질문하면서 시도해 보는 것이 효과적이다.

먼저 내 안의 생각들을 다 뱉어내고, 그 안의 느낌을 알아차리는데 집중해야 한다. 이때 사회적 시선이나 내 안의 방어막에 신경을 쓰면 안 된다. 그런 제한선이 전혀 없이 아주 솔직한 생각이 쏟아져 나와야 한다. 이것이 가장 중요하고 우선임을 항상 기억하길 바란다. 내가 바라는 것과 나의 욕망을 끌어냈다면 이를 살펴보면서 느낌을 인식한다.

그랬구나. 이런 것을 갖고 싶었구나. 근데 안 된다고 스스로 타이르고 있었구나.

남편과 이런 관계가 되고 싶었구나. 그런데 표현하기 두려웠구나.

이런 욕구가 있는데 이를 채우지 못하니 그동안 타인에게 짜증을 내거나 타인을 타박했구나.

이렇게 자신의 마음을 알아주고 인식하다 보면 나의 욕망 때문에 문제가 생긴다는 사실을 발견하게 된다. 끌어당김 노트를 쓸 때의 목적과 벗어나더라도 글쓰기는 쭉 진행해야 한다.

이번엔 분명한 나의 욕구와 이를 얻기 위한 방법을 생각해 보는 노트를 작성해 보자. 나의 욕구를 이루기 위한 방법에 대해 질문해 본다. 이때 중요한 것은 그 방법들이 자연스럽게 튀어나와야 한다는 것이다. 많은 사람들이 질문을 던지고 이성적으로 생각해서 답을 내려고 노력하지만, 무의식에서 불현듯 나오는 답이 놀랄 만큼 좋을 수도 있다. 이를 끄집어내 볼 수 있도록 노력해 보자. 마음이 편안해질 수 있는 분위기를 만드는 것도 도움이 된다. 나는 조명과 향초를 켜고 좋아하는 노트에 만년필을 꺼내서 노트를 쓴다. 때론 와인을 곁들이기도 하고 좋은 장소에 가서 쓰기도 한다. 그러면 내가 마치 천재인 것 같은 아이디어가 나와서 감탄하기도 한다. 나의 욕망에 줄을 긋고 질문을 해본다.

내 집을 갖고 싶다.

(질문) 어떤 방법이 있을까?

식기세척기 하나 사고 싶어.

(질문) 어떻게 하면 살 수 있을까?

해외여행을 가고 싶어.

(질문) 어떻게 하면 갈 수 있을까?

원하는 욕구를 눌러버리는 대신 펼쳐내고, 이를 이루기 위한 액션 플랜을 만들어보는 과정이 이어진다.

내 집을 갖고 싶다.

어떤 방법이 있을까?

• 부동산 관련 책 읽어보기(현재 액션 플랜 1)

• 저축 계획 세우기(현재 액션 플랜 2)

• 추후 추가된 액션 플랜: 나에게 맞는 내 집 마련 방법

경매 마스터하기 ⟶ 수업 신청 ⟶ 종잣돈 3년 내에 1억 만들기 ⟶

2026년 안에 낙찰받기.

식기세척기 하나 사고 싶어.

어떻게 하면 살 수 있을까?

얼마인지 알아본다 ⟶ 한 달에 39,900원만 내면 살 수 있는 식세

기 구독 서비스가 있다는 것을 발견! ⟶ 식세기 구독 신청!

해외여행을 가고 싶어.

어떻게 하면 갈 수 있을까?

• 해외여행 비용을 알아본다: 100만 원으로 알뜰하게 일본을 다녀올 수

있을 듯 ⟶ 2개월 동안 월급 30만 원씩 저축+부수입 40만 원 추가

하면 가능: 퇴근 후 배달 알바를 해서 40만 원 만들기 또는 생활비

절약해서 100만 원 만들기(30만 원★3개월)

• 이벤트 찾아 응모하기 또는 블로그 홍보 협찬 이벤트 도전해 보기

• 싸게 갈 수 있는 방법 연구: 땡처리 항공권과 게스트하우스 숙박으로 여행

비용 60만 원으로 줄일 수 있음. 두 달 저축으로 가능할 듯!

• 수입 창출: 일본 구매대행 방법 ──→ 일본 제품 구매한 후 돌아와서 한국 리셀 플랫폼에 판매하기 ──→ 50만 원 수익 목표 ──→ 공부 필요!

이처럼 여러 방법을 고민해 보는 것이다. 물론 위 예시는 정답이 아니다. 같은 질문에 대한 답은 사람마다 달라진다. 중요한 것은 스스로 생각하기에 '어? 이거 해볼 만한데?' 하는 방법에 확신을 주는 액션 플랜이 나와야 한다는 것이다. 그렇게 되면 행동까지 자연스럽게 이어지기 때문이다. 만약 액션 플랜이 나오긴 했지만 그렇게 와닿지 않거나 별로 탐탁치않게 여겨진다면 그 이유도 스스로에게 물어본다. 왜 안 된다고 생각하는지 말이다. 대개는 내가 안 해본 것들이거나 내가 할 수 있을까 하는 두려움 때문에 주저하는 경우가 많을 것이다. 내가 이걸 진짜 할 수 있을까? 하는 두려움 때문에, 또는 확률적으로 가능성이 낮다고 판단해서 머리까지 도착한 아이디어를 행동에 옮기기도 전에 줄을 그어버리는 것이다. 답을 생각해 볼 때는 성공 가능성의 여부는 뒤로 미루고 우선 아이디어를 쭉쭉 풀어내야 한다. 지혜의 무의식이 얘기해 주는 것을 막으면 안 된다!

나는 가끔 이런 모습이 그려진다. 내 안의 또 다른 내가 자신의 지혜의 샘에서 좋은 아이디어를 신나게 이야기해 주고 있는데, 나는 그

걸 들을 때마다 그건 이래서 안 되는 거야, 그건 별로야! 하는 리액션을 하는 것이다. 그럼 말하는 사람 입장에서는 얼마나 김이 새겠는가! 이런 반응이 나온다면 내 안의 지혜는 '내가 지금 더 좋은 아이디어를 얘기해 주려고 했는데, 흥! 이제 안 해줄래.' 하고 삐치지 않을까? 그러니 최대한 상대를 존중하면서 귀 기울여 받아 적을 준비를 하고 경청해 보자. 그런 자세로 끌어당김 노트를 쓰다 보면 좋은 지혜를 만날 수 있다. 그렇게 나온 방법 중에 가장 마음이 끌리는 것을 행동으로 옮기는 것이다.

한 수강생의 경험담을 옮겨본다.

"저는 끌어당김 노트 쓰기를 배우고 나서 생각날 때마다 가끔씩 노트를 써봤어요. 예전엔 떠오르는 생각을 무심히 흘려 보냈는데 이젠 노트에 써보려고 해요. 생각을 정리하려고 노트 쓰기를 시작하면 결국 더 깊은 내 안의 감정이 나오기도 하더라고요. 그런데 해결책은 기대했던 것만큼 만족스럽게 잘 안 나와요. 그런데 전날 노트 쓸 때 물었던 질문에 대한 답이 샤워하는데 갑자기 띵 나오는 경험을 했어요. 그때 질문을 해보는 것, 노트를 써서 대화를 시도하는 것이 얼마나 중요한지 깨달았어요."

어떤 주제를 꺼내서 방법을 찾아보는 시도 자체가 굉장히 중요한 의미를 갖는다. 내가 이를 문제로 인식하고 있다는 것을 알려줘야 무의식이라는 친구가 해결 방법을 찾으려고 노력을 시작하기 때문이다. 질문을 해야 무의식이 지혜를 모을 준비를 하고 답을 주려고 노력한다. 그 지혜의 답은 바로 나올 수도 있지만, 며칠이나 몇 달 후 아주 느리게 나올 수도 있다. 노트를 쓰면서 나올 수도 있지만, 일상 속에 불현듯 떠오를 수도 있다. 내가 주제를 갖고 욕망을 꺼내 질문하기 시작했기 때문에 가능한 일이다. 만약 답이 너무 나오지 않는다면 질문 자체를 의심해 볼 필요도 있다. 질문 너머에 진짜 생각이 있거나 질문 자체가 오류가 있는 건 아닌지, 상충되는 바람이 있는 건 아닌지 검토해 보길 바란다. 좋은 질문을 하면 답이 정말 매끈하게 똑 떨어지니까 말이다.

미래일기 쓰기

끌어당김의 법칙에서는 나의 소원을 이미 이룬 것처럼, 이미 가진 것처럼 느끼는 것이 중요하다고 강조했다. 이번에는 '커리어'로 주제를 정해서 소원을 이미 이룬 나의 모습을 상상해 보는 시간을 가져보자. 미래의 특정 날짜를 적고, 그날의 나의 하루, 그간의 소회를 적어보자. 중요한 점은 현재형으로 실감나게 쓰는 것인데, 자신의 느낌을 확인하면서 좋은 기분으로 써야 한다.

2030년 5월 15일

오늘은 내가 사업을 시작한 지 2년째 되는 날이다. 내가 제작한 제품의

> 국내 반응이 좋아서 동남아 온라인 몰에 진출할 수 있었는데, 생각보다 반응이 나쁘지 않다. 좀 더 공격적으로 마케팅을 해야겠다. 한마음으로 움직여주는 팀이 있어 든든하다. 이번 주는 유독 미팅이 많아 바빴는데, 새로운 제품 아이디어 회의, 중국 도매처 미팅, 인터뷰도 하나 했다. 하루하루 진행되는 과정이 재미있다. 여기서 만족하지 말고 더 큰 결과가 나올 때까지 집중력을 발휘할 때다.

미래일기를 쓰는 시간에는 가슴이 두근대고 기분이 상기되어야 한다. 나의 미래가 어둡고 힘들 것이라고 상상하고 싶은 사람은 아마 없을 것이다. 대부분 지금보다 더 나은 상황, 행복하고 여유로운 모습을 원할 것이다. 그 상황을 마치 소설가가 상황을 묘사하듯 자세하게 작성해 본다. 이때에도 나의 감정 상태를 살피면서 적어야 한다. 좋은 감정과 함께 그 감정이 자연스러운지 살펴보는 게 중요하다. 만약 미래에 갖고 싶은 것이 있지만 자신이 경험하지 못해서 상상이 되지 않는다면, 이미 그 위치에 가 있는 사람을 인터넷으로 찾아보거나 그의 인터뷰나 책을 찾아 보는 것도 큰 도움이 된다.

미래일기를 수강생들과 함께 작성하다 보면 주로 내가 가진 것, 이룬 것, 그리고 소비하고 향유하고 싶은 것에 대해서는 아주 글을 잘 쓴다는 것을 알게 된다. 그런데 이를 이루기 위해 필요한 하루 루틴이나 액션 플랜을 생각해 보라고 하면 굉장히 어려워한다. 예를 들어 "나는 돈을 많이 벌었다. 집에는 명품백이 가득하고 빨간색 스포츠카도 한 대 계약했다. 지금은 비즈니스 클래스를 타고 여행을 가는 중이다. 모리셔스에 도착하니 고급 리조트가 있고, 음식도 입맛에 아주 잘맞는다." 이런 식으로 소비 형태와 누리고 싶은 것에 대한 상상은 쉽게 나온다. 이미 우리는 다양한 소비 형태를 언론이나 SNS을 통해서 많이 접했고, 이에 대한 환상을 갖고 있기 때문이다. 그들을 보면서 부러워했기 때문에 이를 상상하는 것 또한 쉽다. 하지만 이를 얻기 위해서는 복권에 당첨되지 않고서야 분명 과정이 필요하고, 이 상상을 공고히 하기 위해 도움이 되는 액션 플랜이 필요한데, 이를 끄집어내기는 생각보다 어렵다. 그럼 어떻게 하면 좀 더 빠른 시간 내에 액션 플랜을 끌어낼 수 있을까?

미래의 나와
인터뷰하기

미래의 나와 하는 인터뷰는 어떤 책에서 보고 인상 깊어 시도해 본 방법이다. 이 방법은 이미 소원을 이룬 나의 모습을 실감하고, 그 과정을 디테일하게 상상해 보는 데 큰 도움이 된다. 그래서 다른 사람들과도 시도해 보았는데, 정말 놀라운 이야기들이 쏟아져 나왔다.

앞에서 작성한 나의 미래일기를 토대로 나 자신과 인터뷰를 해보자. 미래의 나는 지금의 내가 꿈꾸던 무언가를 이룬 상태다. 그래서 나를 만나기 위해 기자가 왔다. 기자와 인터뷰를 시작한다. 스스로에게 질문하고 답을 해도 좋고, 친구나 애인이나 배우자와 같이 해보는 것도 매우 재미있다. 프로그램을 진행할 때 수강생들이 항상 가장 많이 웃고 즐거워하는 시간이다. 다음은 인터뷰에서 당신이 받을 질문이다. 예시로 든 것이니 얼마든지 응용할 수 있다.

당신은 지금까지 무엇을 이루셨나요?

여기까지 오는 데 무엇이 가장 힘들었나요?

그렇게 힘들 때 어떻게 이겨냈나요?

예전의 당신처럼 커리어의 시작점에 있는 사람들에게 해주고 싶은 조언이 있나요?

미래의 나와 하는 인터뷰를 진행해 보면 내가 원하는 모습을 이루기까지 내가 무엇을 해왔는지에 대한 꽤 디테일한 답이 아주 자연스럽게 나온다. 능청맞게 대답을 해놓고는 자신의 모습에 스스로 놀라는 경우도 많다. 마지막 질문은 눈치가 빠르다면 지금 자신에게 하는 이야기임을 알 것이다. 자기 스스로 낸 대답을 다시 떠올려보면 내가 지금 어떤 마음으로 무엇을 시작해야 할지 알게 된다. 이 과정을 통해 모든 답이 이미 내 안에 있음을 다시 발견하게 된다.

자, 이제 나는 무엇을 하면 되는지, 어떻게 어려움을 헤쳐나가면 될지 알게 되었다. 이를 기억하고 내가 원하는 미래의 나로 살아가보자! 지금의 내가 아닌, 내가 원하는 미래의 나라면 어떤 선택을 할 것인가? 어떤 차림을 하고, 어떤 사람들을 만나고, 어떤 태도로 어떤 말을 할 것인가? 선택은 분명 달라질 것이다. 미래의 나로 지금을 살아가자!

"재테크 크리에이터
그만하고 싶어!"

나의 첫 책은 2009년도 출간한 《은행의 사생활》이다. 은행원 시절의 경험담을 담은 재테크 서적이었는데, 그 책이 베스트셀러가 되면서 나는 아주 자연스럽게 재테크 강사로 활동하게 되었다. 그 후 재테크 · 부동산 외에도 자기계발, 창업 등 다양한 카테고리의 책을 여러 권 출간했지만, 여전히 재테크 · 부동산 저자로 더 알려져 있다(이쪽 카테고리의 출간 제안서를 많이 받는다).

유튜브도 비슷하다. 유튜브를 시작할 때는 일상, 자기계발, 명상, 육아와 관련된 이야기로 시작했지만, 사기를 치고 있는 재무설계사에 대해 경각심을 심어주고자 찍은 영상 하나가 빵 터지면서 나는 다시 재테크 이야기를 하기 시작했다. 유튜브에서는 재테크가 아닌 내가 오래전부터 하고 싶었던 자기계발, 마음공부, 행복에 대한 이야기를 하겠다고 다짐했던 적도 있었는데, 어느새 나는 재테크 크리에이터가 되어 있었다.

지금도 다양한 주제로 영상을 업로드하고 있지만, 조회수가 높은 건 늘 재테크나 부동산 이야기라서 아쉽다. 유튜브가 실시간으로 반응을 확인할 수 있는 매체이다 보니, 결국 구독자들이 바라는 주제를 계속 인식할 수밖에 없고, 그와 관련된 콘텐츠를 해야 한다는 압박을 받게 된다. 하고 싶은 이야기와 해야 하는 이야기 사이에서 고민될 때가 종종 있다. 이 고민을 갖고 끌어당김 노트를 써본 적이 있다.

너의 고민이 뭐야?

유튜브를 어떻게 운영해야 할지 모르겠어. 난 어느새 부동산, 재테크 크리에이터가 되었는데, 예전만큼 그쪽 분야에 관심이 많지 않거든. 예전처럼 공부하면서 새로운 정보를 얻는 재미도 적고, 내가 하고 있는 이야기는 거의 다 나온 것 같기도 하고 말이야. 내가 관심이 가고 재미있는 그런 이야기를 하고 싶은데 재테크 쪽은 이제 관심이 많이 줄어든 주제다 보니까 점점 흥미가 떨어지고 재미없어지는 것 같아. 그리고 재테크나 부동산 쪽으로 나를 한정 짓는 것도 내가 원하는 모습이 아니니까 그 부분도 마음에 걸려.

그럼 안 하면 되는데, 왜 계속 재테크 관련 영상을 찍고 관련 활동을 하는 거야?

우선 조회수가 좋고 수입이 나오니까. 그리고 난 가르치는 걸 좋아해. 일곱 살 때부터 선생님이 꿈이었거든. 늘 학교 선생님들을 보면서 어떻게 하면 더 잘 가르칠 수 있을까 관찰하면서 미래의 선생님이 될 나의 모습을 상상해 왔어. 그러다 보니 가르치는 것에 자신이 있고, 현재는 돈 버는 방법에 대한 수요가 가장 크니까 계속하는 거지.

또 전세 사기 사건이 워낙 큰 이슈이고, 몰라서 당하는 사람들이 여전히 많으니까 안타까워서 하는 것도 있어. 내 집 마련을 포기하는 사람들도 많잖아. 경매는 전세 사기 피해로부터 자신을 지킬 수 있고, 또 내가 했던 것처럼 내 집 마련도 할 수 있으니까 사람들에게 직접적으로 도움이 되는 과정이라고 생각해.

이런 얘기로 사기를 치는 강사도 많은데, 나는 신뢰할 만한 사람이고 잘 가르칠 수 있거든. 가르칠 때의 재미와 보람도 분명히 있으니까. 책임감도 있고. 그리고 수요가 항상 있으니 돈도 벌 수 있잖아.

알게 된 사실: 결국엔 내가 스스로 이런 상황을 만들고 있음!

그럼 네가 원하는 건 뭐야?

마음공부나 끌어당김 법칙에 대한 이야기를 하고 싶고, 행복한 자기 성장을 돕는 자기계발 서적도 쓰고 싶어. 이것으로도 돈을 벌고 싶어.

시도하고 있잖아. 그렇게 계속하면 되는데 뭐가 문제야?

그런 이야기들을 시도하고 있긴 한데, 콘텐츠로 만드는 것도 쉽지 않고, 재테크에 비해 반응이 적어. 수업을 진행할 때 노력이나 준비는 훨씬 많이 필요한데 수입은 경매 과정에 비해 많이 적으니까 고민이지.

알게 된 사실: 이것이 실제 문제!

문제는 결국 내가 가고자 하는 방향에 대해 자리를 잡지 못한 게 문제구나. 하지만 이건 그럴 수밖에 없겠다는 생각이 들어. 재테크 관련 커리어는 대학 전공이었고, 은행원이나 저자로 이미 20년 가까이 쌓은 커리어잖아.

하지만 사람들이 마음공부와 관련된 경력이나 커리어로 나를 인식하기에는 결과물이 한참 부족한 게 사실이야. 세상이 더 나은 결과물과 더 많은 경력을 원하고 인정해 주는 건 당연한 일이야. 그러니 이제 내가 인정받고 싶은 부분에 대해 경력을 쌓아가고, 결과물들을 만들어서 세상에 보여야 하는 거야.

네가 원하는 방향으로 가기 위해 무엇을 하면 될까?

내가 원하는 방향과 내용으로 커리어를 열심히 쌓아나가야 해. 재테크 만큼 마음 관련, 자기계발 커리어와 결과물을 내놓는 데 더 노력하고 더 많은 시간을 투자해야 돼. 그러니 조급한 마음은 거두자.

액션 플랜

1. 마음관련 책을 내자. 꾸준하게 내자. 내가 그동안 해왔던 경험, 내가 알게 된 것과 수업 사례를 담고, 사람들의 고민을 덜고 행복하게 해주는 책.

2. 유튜브나 SNS에 관련 콘텐츠를 업로드하는 것. 조회수나 사람들의 반응이 적다고 실망하거나 망설이지 말고 계속 소개하자. 내가 배워나가고, 나의 커리어를 쌓아가는 과정이라 생각하자.

3. 경험과 사례 늘리기: 관련 강의와 프로그램은 계속 진행해야 한다. 돈 계산은 우선 접어두자. 내 전공 분야인 재테크 관련된 대우를 이쪽에도 적용하면 안 된다. 객관적으로 그동안의 커리어를 비교해 보니

내가 욕심을 부리고 혼자 실망하고 있었던 거야.

시간 대비 수입이 적어서 지속해야 하나 말아야 하나 고민을 많이 했는데, 앞으로는 그런 생각 대신 커리어를 쌓는 시간이라고 생각하고 무조건 계속해야 된다는 결론을 내렸어.

타인의 사례를 듣고, 타인에게 적용하고 가르치는 경험을 통해 나 역시 배우게 되니, 이를 일하는 시급으로 따지지 말고, 내가 공부하는 시간이라고 생각해야 해. 내가 원하는 크리에이터로 완성되기까지 나는 더 많은 공부와 경험이 필요한데, 이렇게 적은 수입이라도 돈을 받으면서 할 수 있는 게 얼마나 좋고 대단한 일이야!

그럼 재테크 관련 활동은 어떻게 할까?

사람들에게 필요한 일이고, 내가 쓰임이 있어 감사해. 가르치는 일은 내가 잘할 수 있으면서 보람되고 즐거운 일이야. 내가 바라는 또 다른 욕심과 상황만 바라보고 아직 갖지 못한 것을 보느라 내가 가진 것의 감사함과 소중함을 잊고 있었어.

할 수 있는 것을 하면서 상황에 따라 흘러가보자. 결국 다 자연스럽게 될 일은 된다. 모두 다 얼마나 감사한 일이야!

이렇게 끌어당김 노트를 쓰고, 경매 수업에 다시 열심히 집중하고 있을 때였다. '마음공부' '끌어당김의 법칙'과 관련한 책을 만들어보자는 출판사의 메일을 받게 되었고, 나는 그 제안이 내가 쓴 끌어당김 노트로 인해서 받게 된 것이라 믿는다. 그렇게 해서 지금 이 책이 세상에 나오게 된 것이다.

우리는 이미 갖고 있는 것은 당연하게 생각하고, 이에 대한 감사함은 자주 잊고 산다. 갖고 싶은 바람과 욕심이 생기고, 이를 얻고자 나름의 노력을 했는데 그에 따른 결과가 나오지 않을 때 불평이 생기고 지치고 속상하다. 내가 이만큼 노력했는데 그만큼의 성과가 나오지 않을 때, 인정욕구를 충족하지 못할 때 우리는 그 일에 흥미를 잃고 무기력해진다.

동전의 앞면이 무력감이라면 뒷면은 욕심이 아닐까? 내가 무기력할 때 내 마음을 들여다보니 잘 해보고 싶은 욕심이 너무 컸다. 그렇기에 무기력함을 줄이고 싶다면 욕심을 줄이면 된다. 즉 목표를 조금 낮게 설정하거나 작은 목표부터 단계별로 설정해 보는 것이 도움이 된다. 목표를 아예 바꿀 수도 있다. 내가 쓴 끌어당김 노트를 보면 마음 관련 콘텐츠에 대한 반응, 즉 조회수나 강연 신청자 수 등에 대해 나름의 기대와 욕심이 있었던 것을 알 수 있다. 그래서 실망도 크고 고민이 생긴 것이다.

하지만 이 과정을 커리어와 경험의 시간이라 여기고 내공을 쌓는 시간으로 생각하면서 목표 자체가 아예 달라졌다. 상황에 대해 객관적으로 파악해 보니 상황에 대한 불평 대신 상황을 받아들일 수 있게 되었고, 그에 대한 계획도 구체적으로 따라 나오면서 무기력함에서 벗어날 수 있었다. 무기력한데 거기에서 어떻게 빠져나와야 하는지 방법을 모를 때 끌어당김 노트는 현실적인 대안을 제시하는 좋은 수단이 될 것이다.

6장

부를 위한
끌어당김의 법칙

돈에 대한
나의 무의식

돈에 대한 무의식은 다른 무의식과 마찬가지로 나의 환경과 부모의 영향에 따라 만들어져서 내 안에 담긴다. 개인적으로 돈에 대해 어떤 경험을 했느냐에 따라 무의식이 만들어질 수 있는데, 그 경험 자체의 내용보다는 그 경험에 따라 자신이 어느 정도의 강도로 무엇을 느꼈는지가 더 중요하다. 같은 경험이라도 어떤 사람에게는 별것 아닌 것으로 흘려보내고 기억도 나지 않는 일이 어떤 이에게는 큰 임팩트가 되어 무의식에 새겨지고 삶에 영향을 주기도 한다. 사건이 크고 작고, 심각하고 안 심각하고는 개인적으로 판단되기에 극히 주관적일 수도 있다. 개인적으로 느낀 그 강도에 따라 무의식에 각인되는 것이다.

또한 생각이 바뀌거나 특정한 경험을 통해 무의식이 만들어지기도 한다. 성장하면서 자기 스스로 생각을 정립해 나가는데 있어 여러

가지 경험이 영향을 미친다. 돈 때문에 무시를 당했다거나 서러웠던 경험, 사회적으로 돈 문제로 인정을 못 받았거나 돈을 썼더니 대우가 달라진 경험···. 그런 다양한 경험이 모두 돈에 대한 나의 생각에 영향을 미친다. 그리고 이렇게 만들어진 돈에 대한 무의식이 돈과 관련된 나의 상황을 창조한다. 그렇기 때문에 자신의 자산 상황이 원치 않는 방향으로 계속 반복된다면 이를 반복하게 만드는 나의 무의식은 무엇인지, 이로 인한 나의 행동은 무엇인지 살펴볼 필요가 있다.

이번 챕터에서는 돈에 대한 다른 사람들의 사례를 살펴보면서 내가 갖고 있는 돈에 대한 생각에 대해 아주 깊게 들어가서 살펴볼 것이다. 그것이 결국 풍요를 위한 끌어당김의 법칙을 활용하는 방법을 배우는 과정이다.

돈에 대한 생각에 따라 사람들의 유형을 크게 네 가지로 나눠볼 수 있다. 지금부터 이 네 가지 유형에 따른 여러 에피소드와 사람들의 생각을 제시할 텐데, 일부의 극단적인 예시일 수도 있지만 분명 많은 사람들이 가지고 있는 모습이다. 이 중 자신은 어디에 가까운지 생각해 보자. 공감 가는 부분이나 비슷한 행동을 한 적이 있다면 형광펜으로 줄을 그어 표시를 해보고, 어느 부류에 공감 표시가 많은지 확인해 보자. 추가할 자신의 이야기가 있다면 그 내용은 끌어당김 노트에 적어 계속 질문해 보는 게 좋다. 그렇게 내 안에 돈에 관한 아주 다양한 생각들을 다 꺼내보는 것이 목표다.

생각을 꺼낼 때 주의할 점은 여러 번 강조했듯이, 그 생각이 이 사회나 타인의 관점에서 보았을 때 옳은지 잘못됐는지, 좋은지 나쁜지와 같은 판단은 일절 해서는 안 된다는 것이다. 그런 판단과 제한 없이 자유롭게 이야기를 꺼내보도록 하자.

돈을 최고로 여기는 사람

'돈미새'라는 단어를 들어보았는가? '돈에 미친 새끼'라는 말로 돈을 위해서는 모든 걸 다하겠다는 의지의 표현으로 많이 쓰인다. 요즘은 돈미새라고 스스로를 자랑스럽게 지칭하는 분위기인 데다 돈미새의 성공 스토리는 동기부여가 되고 칭송받는 세상이 되었다. 이들에게 돈은 세상 무엇보다 숭고한 가치를 지닌다.

어느 날 '요즘 중딩들'이라는 제목의 짧은 영상을 보았다. 중학생 무리와 한 어른의 대화 영상이었다. 어른이 "네 꿈이 뭐냐?"고 묻자, 한 아이는 ○○복권 판매 가게를 운영하는 사람이 되고 싶다고 대답했다. 그래서 어른이 복권을 해본 적이 있느냐 물었더니 아이는 "오늘 14만 원어치 했다가 다 실패했어요."라고 대답했다. 이제 갓 중학생이 된 아이들의 꿈은 '일확천금'이었다.

꾸준하게 묵묵히 일해서 월급을 받는 행위, 그런 노동의 가치가 지금처럼 이렇게 낮게 평가되었던 시기가 있었을까? 노동의 가치가 바닥에 처박혔고, 어린 친구들의 꿈은 쉽게 돈 버는 것처럼 보이는 유튜버나 가만히 있어도 돈이 들어오는 것처럼 보이는 건물주, 복권 당첨자가 되어버린 듯하다. 학교에서 공부 잘하는 학생들의 꿈조차 하나같이 고수익이 보장되는 의사가 되었다. 자신의 성향과 재능과는 전혀 상관없는 장래 희망이다.

노동을 통해 자신들의 욕망을 충족하기에는 너무나도 부족해 보이는 월급을 받으며 살아가는 사람들의 삶은 더 이상 선망의 대상이 아닌 세상이다. 돈을 많이 벌 수 있다면 위험도 불사하며 투자를 하고, 허황된 장밋빛 미래에 대한 현혹에 빠져 사기를 당하기도 한다. 돈만 많이 벌 수 있다면 뭐든 할 수 있다고 생각하는 사람들이 많아지고 있고, 그 과정에서 윤리나 도덕, 가치관 같은 것은 무시되는 경우도 있다.

이들은 지금 이 순간의 작은 행복, 건강, 가족과의 시간보다 돈을 더 중요하게 생각한다. 미래의 행복을 위해 지금은 돈에 집중하고, 과정보다 결과가 중요하다. 돈이 가장 중요하고 높은 가치이기 때문에 돈 많은 사람들을 칭송하고 따르지만, 반대로 돈 없는 사람들은 실패자로 보고 무시한다.

이들이 이렇게 돈을 가장 중요한 가치라 여기는 배경에는 이와 관련된 경험이나 환경이 있다. 돈이 없어서 서러워하는 부모님의 모습을 보며 자랐거나 가난에 대한 지독한 경험을 했을 수 있다. 이와는 반대로 돈이 많아서 특별한 대접을 받은 경험이 있기 때문에 이를 추구하는 경우도 있다. 이들이 돈이 없을 때 느끼는 두려움은 보통 사람들보다 더 클 수 있다.

돈을 중요하게 여기지 않는 사람

돈을 초월한 듯한 삶을 사는 사람들이나 돈보다 소중한 다른 가치가 있다고 여기는 사람들 중에는 대체로 종교인이나 예술가, 명상가, 학자들이 많다. 이들에게 돈은 삶을 살아가는 데 최소한으로 필요하거나 다른 목표를 위해 필요한 도구일 뿐이다. 이들은 돈이 아닌 다른 가치를 추구하며 살아간다.

이들은 돈보다 더 소중한 것이 있다고 깨닫게 된 경험을 통해 돈이 아닌 다른 가치를 우위에 두고 이를 좇는다. 큰 사고를 당했거나 병에 걸려보았거나 가까운 사람의 죽음을 경험하면서 돈보다 더 소중한 가치가 있음을 깨닫기도 하고, 죽음을 간접경험하면서 돈을 추구하며 살았던 날이 얼마나 무의미했나 느끼고 삶의 다른 가치를 생각해 보는 경우도 있다. 돈을 열심히 추종해 봤지만 원하는 성과가 나오지 않았거나 돈이 없어 크게 상처받거나 불편함을 겪은 경험 때문에 돈을 좇지 않는 경우도 있다. 어린 시절 유복하게 자라서 돈에 대한 결핍이 없고 돈에 대한 집착이 전혀 생기지 않기 때문에 도리어 돈에 무관심하게 되는 경우도 있다. 이들은 이런 말을 자주 한다.

"내겐 가족이 가장 소중해."

"난 나의 행복이 중요해. 나는 돈을 벌며 대부분의 시간을 보내는 것보다 돈은 덜 벌더라도 내가 좋아하는 일을 하며 사는 게 좋아."

"돈보다 건강과 인간관계가 더 중요해."

"내겐 의미 있는 일이나 성취감을 느낄 수 있는 일이 중요해."

돈에 대해 불안감을 가진 사람

돈에 대한 근본적인 불안감을 가진 사람이 있다. 돈이 없어서 그런가 싶겠지만, 돈이 많은데도 불안해하는 사람들이 있다. 실제 돈을 얼마나 갖고 있는지와 상관없이 불안감을 느끼는 것이다. 이런 사람들은 대개 경제적으로 불안정한 환경에서 자란 경험이 있거나 경제적인 문제로 부모님이 불안해하는 모습을 자주 보았던 경험이 무의식에 새겨진 경우다. 나 스스로는 그 문제에 대해 인식하지 못했지만, 내 무의식에 그 기억이 새겨져 있고 어른이 되어서도 영향을 미치고 있는 것이다. 돈을 더 많이 가지면 불안함이 줄어들지 않을까 싶어 돈을 열심히 추종하지만, 이런 이들은 돈을 더 갖는다고 해서 불안감이 사라지지 않는다. 소비할 때도 불편함과 불안감이 크다. '내가 돈을 이렇게 써도 될까? 돈이 없어지는데….' '지금은 돈이 있지만 나중에 없어지면 어쩌지?' 이런 기분이 드는 것이다. 그래서 돈을 쓰면 기분이 안 좋아지고 불편하기까지 하다. 이런 사람들은 돈에 대해서 끝없이 걱정하고 끊임없이 스트레스를 받는다. 돈에 대한 집착이 큰 사람은 돈에 대한 불안감에서 기인한 경우가 많다. 반대로 돈이 많아지면 불안해지는 경우도 있다. 다음은 이와 관련된 실제 사례다.

경혜(가명): "저는 돈이 생기면 다 써버려요."

저자: "돈을 갖고 있으면 불안한가요?"

경혜: "맞아요. 돈을 갖고 있으면 불안해서 다 써버려야 마음이 편해져요."

저자: "관련 경험이 있을 것 같아요. 어떤 기억이 나시나요?"

경혜: "어릴 때부터 집에는 항상 돈이 없었어요. 엄마는 항상 돈이 없다는 얘기를 입에 달고 사셨죠. 제가 어렸을 때 엄마가 되게 바쁘셨는데 하루는 그런 말씀을 하시더라고요. '엄마가 이렇게 바쁘게 일하는 이유는 돈을 벌어서 아파트를 사야 하기 때문이야.' 그런데 그 돈을 사기당했어요."

저자: "그래서 돈에 대해 어떤 생각을 갖고 계세요?"

경혜: "돈이 생기면 곧 누가 가져갈까 봐, 사라질까 봐 불안해져요. 그래서 차라리 다 써버리는 게 낫다는 생각을 하게 됐어요. 누가 가져가기 전에 저한테 다 써버리는 거죠. 그러다 끌어당김 노트를 통해 '돈은 모아봤자 사기당할 수 있고 벌어봤자 내 것이 아니다!' 라는 무의식이 있다는 걸 알게 됐어요."

수민(가명): "저도 비슷한 행동을 하긴 하는데, 저는 전혀 다른 경험을 했어요. 저도 돈이 있으면 그냥 버리듯이 다 써버리거든요. 엄마가 돈에 대해 심하다 싶을 만큼 불안해하시거든요. 돈이 많으나 적으나 항상 불안해하세요. 그 모습을 보면서 저는 '돈이라는 건 엄마를 불행하게 하는 것'이라는 생각을 갖게 된 것 같아요. 그래서 불행의 원인인 이 돈을 아예 의도적으로 없애버리는 선택을 하게 된 것 같아요."

돈과 자신을 동일시하는 사람

돈이 곧 '나'라는 생각을 가진 사람들은 SNS의 발달로 쉽게 볼 수 있다. 옷차림, 소비한 물건, 음식, 일상의 모습 등으로 자신을 표현하고, 이런 것들로 사람들을 판단하는 경우도 점차 많아지고 있다. 돈의 소비 형태가 곧 자신을 나타내는 것이라 생각하는 것이다. 타인에게 자신의 소비 행태를 과시함으로써 그들에게 부러움과 선망의 대상이 되고자 노력하기도 한다. 실제로 이런 모습들을 부러워하고 추종하는 사람들이 있다 보니 이를 의도적으로 이용하는 사람들도 많아졌다. 일부러 좋은 차나 집, 또는 명품을 활용해서 자신을 과대 포장하고, 이를 통해 사람들을 현혹시켜 사기를 치는 경우도 많다.

이들은 돈과 자신이 소유한 것을 자신과 동일시하기 때문에 이를 소유하지 못하면 불행함을 느낀다. 더 멋진 자신의 모습을 포장하려 노력하고 여기에서 행복감을 느끼지만, 그 행복감은 일시적일 뿐이다. 따라서 자신의 능력을 넘어서는 소비를 하거나 자신을 부풀려서 소개하고 행동하는 경우도 있다. SNS가 소통의 장으로 활성화되면서 이런 부류가 상당히 많아졌다.

돈에 대한
무의식을 찾아

돈에 대한 무의식을 살펴보기 좋은 순간은 자신이 '돈을 쓸 때' 드는 감정이다. 돈을 쓸 때 어떤 기분이 드는가? 신이 나는가? 불편한가? 돈이 없어지는 것 같아 불안하거나 걱정이 되는가? 이 질문에 대한 답을 끌어당김 노트에 적어보자. 그리고 소비할 때 나의 태도에 대해서도 적어본다. 소비할 때 습관은 무엇인지, 계획에 따라 소비하고 있는지, 충동구매를 주로 하는지, 소비 후에 후회를 하는지, 수입 대비지출이 많은지 적은지 적어보는 것이다. 이 내용을 토대로 당신과 현실을 비교해 보자. 나의 현실이 그 느낌(행동)을 계속하게 만드는 상황인지 확인해 보자.

끌어당김의 법칙은 자신의 느낌이나 기분과 같은 상황을 끌어당겨 창조하는 것이기 때문에 당신이 돈에 관해 갖고 있는 무의식과 돈에 관한 느낌이 고스란히 현실에 반영된다. 따라서 계속 좋은 느낌이 들도록 현실을 창조해 나가야 한다. 자신의 자금 상황에 대해 충분히 만족하고 있지 않거나 원치 않는 상황이 반복되어 이를 변화시키고 싶다면 나의 무의식을 돌아보고 나의 감정을 살펴보며 이를 바꿔나 가야 한다.

부자가 되는
돈 쓰는 방법

소비를 할 때마다 잔고가 줄어들고 돈이 사라지는 느낌이 들어 불안해하고 걱정하는 사람들이 많을 것이다. 이는 소비의 진짜 의미를 알면 바꿀 수 있다.

소비는 무엇일까? 돈을 '쓰는 것'이라고 생각한다면 소비를 하면서 돈이 줄어든다는 생각에 집중하게 된다. 하지만 소비는 '교환'이다. 물건이나 서비스, 또는 경험을 돈과 '교환'한다고 생각해 보자. 그렇기 때문에 나의 돈은 물건이나 서비스로 교환되어 내게 '왔다'. 나는 돈을 교환하여 물건이나 서비스를 '받았다.' 이것이 '팩트'다. +와 -가 이뤄져서 0(제로)인 상태가 된 것이다.

그럼에도 사람들은 이 소비를 ' - '라 생각하고 여기에 초점을 맞춘다. 그러다보니 '돈이 줄었다'는 기분이 들고, 계속 '돈이 줄어드는'

상황을 만드는 것이다. 이제는 소비가 '교환'임을 기억하고, 돈과 교환한 '물건이나 서비스'에 집중해 보기로 한다. 그리고 교환된 돈보다 더 크게 풍요를 느껴보도록 하자. 예를 들어 이렇게 해보는 것이다.

'김치찌개 정말 맛있다. 9천 원으로 이렇게 맛있는 김치찌개를 먹을 수 있다니 너무 감사해. 이 한 그릇 음식에 얼마나 수많은 이들의 노고가 담겨 있는지!'

우리가 일상에서 소소하고도 평범하게 지출한 돈과 교환된 물건이나 서비스 안에는 수많은 사람들의 노고가 담겨 있다. 다이소의 천 원짜리 물건 하나에도 이를 제작하고 운반하고, 예쁘게 진열한 수많은 사람들의 노고가 담겨 있다. 우리는 수많은 이들의 수고와 도움을 받으며 살고 있다. 대부분은 내가 지불한 것 이상을 교환받고 있다. 이 사실을 기억하면 내가 주는 것보다 더 많이 '받고' 있다는 것을 알게 된다. 그리고 이게 사실이다! 이런 반복되는 일상의 소소한 소비에서부터 감사를 표현해 보자. 지불한 '돈'이 아닌 내가 교환한 '물건'에 감사함을 가져보는 것이다.

'이렇게 여행을 오게 되다니! 타국에서 맞는 아침이라 더 아름답다. 여유롭게 수영하면서 책을 보고 있으니 얼마나 행복하고 풍요로운지! 정말 여행 오기를 잘했어!'

특별한 상황에서는 더 크게 감탄하고 감사해 보자. 큰마음 먹고 평소보다 크게 지출한 상황이라면 이와 교환된 것을 더 느끼고, 더 감탄해야 나의 소비 크기가 앞으로 '더 커지는 상황'이 만들어진다. 부자들은 소비도 크다. 그렇기 때문에 지금보다 더 부자가 되고 싶다면 내 소비의 크기도 점차 키워야 한다. 그러나 이때의 소비는 '불안한 소비'가 돼서는 절대 안 된다. 소비하는 순간, 풍요로움을 느낄 수 있어야 하고, 소비를 하면서 즐겁고 풍요롭다고 생각할 수 있다면 그런 실제 상황이 창조될 것이다.

소비 지출액은 절대적 액수와는 상관이 없다. 누가 얼마나 더 '교환된 것'에 집중할 수 있느냐, 그리고 그 교환되어 경험한 물건과 서비스에 대해 얼마나 더 큰 '풍요와 감사'를 느끼느냐가 중요하다.

돈과의 연애

이중적인 욕망이 상충하면 꿈이 이뤄지지 않는다. 이런 고백을 들었다고 가정해 보자.

"난 너를 사랑해. 정말 많이 좋아해. 하지만 네가 내 삶의 전부는 아니야. 물론 네가 중요하지만 너보다 더 중요한 것들도 많아. 나는 사실 네가 필요하기 때문에 너를 사랑한다고 말하고 있는 거야."

고백을 들은 사람은 어떤 생각이 들까? 이 사람이 진짜 나를 사랑한다고 믿을 수 있을까? 결혼을 약속할 수 있을까? 나를 이 정도 사랑한다고 고백하는 상대를 위해 최선을 다할 마음이 들까? 아마 그렇지 않을 것이다. 세상 찝찝한 사랑 고백이 아닐 수 없다. 그런데 우리는 이런 고백을 자주 하고 있다. 누구에게? 바로 돈에게!

"난 돈을 사랑해. 정말 많이 좋아해. 하지만 돈이 내 삶의 전부는 아니야. 물론 돈은 중요하지만 돈보다 더 중요한 것들도 많아. 나는 사실 돈이 필요하기 때문에 돈을 사랑한다고 말하고 있는 거야."

어떤가? 첫 번째 고백은 고개를 갸우뚱할 만한 이상한 사랑 고백이라고 생각했는데, 두 번째 고백은 굉장히 합당한 글이라는 생각이 들지 않는가? 이 글은 사실 내가 쓴 글로, 내가 갖고 있었던 돈에 대한 생각이었다. 나는 돈을 이만큼만 사랑했던 것이다. 끌어당김 노트를 쓰면서 어느 날 나의 돈에 대한 사랑의 깊이를 깨달았다. 나는 돈을 엄청 사랑하고 있고 이를 표현하고 있다고 생각해 왔는데, 들여다보니 내 사랑은 세상 찝찝한 사랑 고백이었고, 돈의 입장에서는 너무나 불만족스러운 수준의 사랑이었다. 내가 이 정도 사랑의 마음을 갖고 있을 때 누군가는 돈에게 절실히 구애하고 있었을 것이다. 나는 당신뿐이며 당신 없으면 죽을 것이니 나에게 오라고! 이 사람의 사랑이 진심이 아니고 그저 뻔하고도 노골적으로 들이대는 것이라 한다 해도 말이다. (세상엔 이미 그런 구애에 넘어가는 사람들이 많지 않은가?)

물론 진심을 다한 사랑도 있을 것이다. 아무튼 그런 사람들에 비하면 나의 고백은 턱없이 부족했다! (어쩐지. 돈이 자꾸 다른 사람한테 가더라.)

돈의 입장에서는 당연히 나보다 더 온전하고 열렬하게 사랑을 고백한 사람에게 마음이 갈 것이다. 이런 어중간한 자세를 취하는 나에게는 어설프게 걸려든(?) 돈 정도만 오는 것이다.

무엇보다 나는 갖고 싶다는 욕망과 없어도 된다(다른 중요한 가치들이 있으니)는 욕망이 내 안에 공존하고 있음을 알게 되었다. 이 둘이 상충된다는 것도 깨닫게 되었다. 내 바람이 하나로 집중되지 못했기 때문에 상충된 욕망은 잘 이뤄지지 않고, 그 상태 그대로 상충되는 현실로 이뤄졌던 것이다! 많은 끌어당김 관련 서적을 보면 돈에 대해 솔직해야 하고 돈을 진심으로 사랑해야 한다고 말한다. 하지만 정확히 그것이 어느 정도 사랑인지는 느껴지지 않았다. 내 기준으로 그간 해오던 수준이면 되지 않을까 생각했는데, 나의 사랑이 부족하다는 것을 깨달았다. 그래서 실험을 해보기로 했다. 돈에게 사랑을 쏟아부어 보겠다고 말이다. 돈을 애인처럼 여겨야겠다는 생각이 들었다. 그렇게 돈과의 연애가 시작되었다.

"너를 너무 사랑해. 나는 역시 너밖에 없어. 네가 최고야! 내 삶에 네가 없다면 난 죽을 것 같아.(죽는 시늉) 넌 내 삶의 전부야."

결혼을 결정하려면 이 정도는 말해야 하지 않을까? 이 정도의 사랑은 표현해 줘야 내 사랑의 크기를 상대가 느끼지 않을까? 그런 생각으로 사랑을 표현하기로 했다. 그동안 나의 사랑이 부족했음을 돈에게 고백하기도 했다. 그리고 돈을 깨끗한 지갑에 옮겼다. 돈도 앞면이 가지런히 정리해서 넣었고 지갑 안도 깨끗하게 정리했다. 불필요한 카드와 영수증을 버리고 지갑 안쪽도 깨끗한 수건으로 닦았다. 돈을 애인이라고 생각하니 깨끗하고 좋은 곳에 놓는 것이 당연했고, 지갑을 눈에 잘 띄는 곳에 두고 싶다는 생각이 들었다. (사랑하는 사람은 자주 보고 싶으니까!) 그래서 선택한 장소가 거실에 놓인 책장이었다. 아침에 해가 뜨면 베란다에서 햇볕이 들어오는 따뜻한 곳이었다. 책장 한 쪽을 깨끗이 닦아 그곳에 지갑을 올려두었다. 항상 가방 속 어두컴컴한 곳에 처박혀 있던 지갑이 이제 환한 거실로 나왔다. 그리고 아침에 일어나서 지갑에 다가가 인사를 했다. 잘 잤냐고, 좋은 아침이라고 인사를 하고, 잘 때는 어두운 옷장 안쪽으로 옮겨주면서 잘 자라고 인사를 건넸다. 그리고 아침엔 다시 해가 잘 드는 책장으로 옮기면서 인사를 건네고 사랑 고백하기를 반복했다. 지갑에서 돈을 꺼내 쓸 때는 고맙다고 인사했다. 코미디가 따로 없는 웃긴 장면들이 매일 연출되었다.

"어떤 물건과 교환할 수도 있고 내게 체험할 수 있는 기회를 줘서 고마워. 친구들이랑 또 놀러와. 친구들 많이 데리고 와!"

돈을 쓸 때는 이렇게 감사를 표현했다. 하루는 내가 지갑을 어루만지면서 인사를 하고 있는데, 둘째 아이가 그 모습을 보고는 "엄마

뭐 해?"라고 물었다.

"응, 강아, 우리 가족을 위해 돈을 쓸 수 있으니 감사해서 돈한테 인사하고 있었어. 너도 인사해!"

아들은 나를 이상하게 쳐다보고는 대충 인사를 한 뒤 흥미를 잃고 다른 곳으로 가버렸다. 이렇게 누가 봐도 미친 짓을 며칠 동안 계속했다.

물론 돈과의 연애는 쉽지 않았다. 인사하기를 잊어버리기도 하고, 저녁에 잘 자라고 옷장에 넣어둔 채 깜빡하고 꺼내주지 않은 날도 있었다. 그러면 또 돈이 서운해서 삐친 건 아닌지 걱정이 되었다. 괜히 돈이 더 화가 나서 내게 안 들어오는 느낌이 드는 날도 있었다. 그럴 땐 사과도 하고 반성하면서 연애를 지속해 보았다. 어찌됐건 내가 많은 시간을 들여 돈이라는 것을 인식하고 돈에게 감사하는 마음을 표현하고 있는 것은 확실했다. 그런데 놀라운 일이 일어났다. 이렇게 실험한 지 일주일도 되지 않아서 브랜디드 콘텐츠 영상 제작 요청 메일을 한 통 받은 것이다.

내가 지원해서 선택된 것도 아니고, 내 채널에 직접 의뢰를 한 요청이었다. 게다가 금액은 400만 원짜리였다! 어떤 사람들은 내가 이런 제안을 자주 받고, 내 브랜디드 콘텐츠 영상 단가가 그 정도라고 생각할지도 모르는데, 덧붙이면 전혀 그렇지 않다! 메일 제안이 놀라웠던 이유는 그 당시 내 채널은 한 달에 한 번 정도 영상이 올라가는 상황이라 브랜디드 콘텐츠를 요청하는 업체에서는 그다지 매력적이지 않은 채널이었기 때문이다. 그리고 보통 내 채널의 브랜디드 콘텐츠 영상 금액은 100만 원 미만이 대부분이다. 그런데 400만 원이라는 큰 금액의 제안이 먼저 오다니, 놀라운 일이었다. 나는 이 제안이 끌어당김의 결과라고 확신했다. 왜냐하면 당시 마음쌀롱 수업을 진행할 때였는데 수강생에게 이런 이야기를 한 적이 있기 때문이다.

"저는 이번 수업 과정이 끝나고 그다음 주에 일본으로 가족여행을 가려고 비행기표를 예약해 뒀어요. 아이들이 디즈니랜드에 가고 싶어 해서 저금통에 용돈을 열심히 모았는데 코로나 때문에 그간 미뤄진 여행이거든요. 아이들이 2년 동안 기다린 여행이라 안 갈 수 없어서 여행 경비를 끌어당기기 위해 노트를 썼답니다. 함께 돈을 창조해 봐요. 전 300~400만 원 정도의 돈을 만들어보고 싶다는 노트를 쓰고 있어요!"

놀랍지 않은가! 물론 우연일 수도 있다. 하지만 내가 돈한테 이렇게 정성을 들이고 돈을 사랑해 주니까 이 친구가 기분이 정말 좋았나? 하는 생각이 든 것도 사실이다. 누가 보면 미친 짓에 불과한 행동들이 정말 효과가 있는 것 같다는 생각이 들었다. 수업시간에 내가 받은 메일을 수강생들에게 보여주니 수강생들이 정말 놀라워했다. 내가 돈과 나눈 연애의 효과가 이렇게 짧은 시간에 바로 보여지니 수강생들도 당장 돈과 열렬한 연애를 시작하겠다고 했다. 돈과의 연애 실험은 이렇게 끝이 났다.

지금은 돈과 어떻게 연애하고 있냐고? 다른 연인들이 그렇듯 일상이 너무 바빠지면서 소홀해지는 상황이 많아졌다. 돈에 대한 애정이 많이 식은 느낌이다. 인사조차 하지 않는 날들이 많아졌고, 돈이 필요할 때만 만나서 돈을 쏙 빼가는 경우도 생겼다. 이 글을 쓰면서 나의 변심을 돌아보니 돈이 삐쳤을 것 같다. 그동안 많이 서운했겠구나 하는 생각에 반성을 하게 된다. 요즘 돈이 잘 들어오지 않았던 이유가 그래서일까? 다시 사랑을 불태워봐야겠다고 다짐해 본다. '돈도 에너지다. 돈은 나를 뜨겁게 사랑해 주는 이에게 가려고 한다!'는 점, 명심하자.

힘들게 일하고 희생해야
돈을 벌 수 있다는 무의식

영아(가명): "제가 가진 돈에 대한 무의식은 긍정적인 것 같아요. 그냥 돈이 좋다고 생각하고, 돈은 갖고 싶은 것이라고 생각해요. 돈에 대한 부정적인 생각은 없어요. 돈을 많이 버는 게 좋다고 생각해요. 그런데 돈을 많이 벌기 위해서는 희생도 따라오잖아요? 더 많이 일해야 되고 그걸 자연스럽게 받아들여야 하고요. 그것도 좋다고 생각해요. 돈을 많이 벌기 위해서 굉장히 많은 일을 해야 하는 게 당연하다고 생각해요."

저자: "돈을 많이 벌기 위해선 일을 많이 해야 한다는 무의식이 있군요?"

영아: "맞아요. 그런 생각이 있어요. 당연히 희생이 따른다, 내 시간을 많이 써야 하고 희생하고 노력해야 돈을 더 벌 수 있다고 생각해

요. 그런데 이렇게 생각하는 건 당연한 거 아닌가요? 대부분 그렇게 생각하지 않아요?"

저자: "저도 그런 생각을 가졌던 적이 있어요. 그런데 내 생각대로 현실이 만들어진다고 해서 내가 원하는 걸 다시 생각해 봤죠. 당연히 쉬엄쉬엄 살면서 경제적으로도 여유로운 것이 좋잖아요? 그런데 여유롭게 살면서 돈을 버는 게 가능할까 생각해 보니 계속 의심이 되더라고요. 대부분 돈을 잘 버는 사람들은 열심히 일하니까 상상하기가 쉽지 않은 거죠. 그래서 제가 원하는 모습으로 살면서 돈도 잘 버는 사람들을 찾아봤어요. 근데 그런 사람들도 정말 많더라고요. 그들을 보니까 상상이 가능해졌어요.

'나는 하고 싶은 일을 하면서 돈을 번다.' '사람들은 나에게 돈을 주면서 감사하다고 말한다.' '나는 여유롭게 일하면서 돈을 번다.' 이런 생각을 하기 시작했어요. 이 생각들이 제가 원하는 현실을 만드는 데 도움이 되었던 것 같아요. 지금 이 수업도 제겐 너무 즐거운 일인데, 감사하다고 해주시고 수강료도 주시잖아요."

영아: "제가 생각하지 못한 부분이네요. 저는 고생스럽고 힘들 때마다 그런 건 당연하고, 내가 참아야 하는 어쩔 수 없는 일이라고 늘 생각했거든요. 근데 다르게 생각해 볼 수도 있겠네요."

저자: "내가 그 생각을 갖고 있는 한, 그 생각대로 현실이 펼쳐져요. 현실을 바꾸기 위해 내가 당연하다고 여기는 생각들도 의심해 보

고 의문을 품어보는 게 도움이 돼요. 그리고 내 스스로를 설득하는 과정도 필요하죠. 왜 나는 희생해야 돈을 벌 수 있다는 생각을 갖게 되었는지 이 주제로 노트를 써보는 것도 좋을 것 같아요. 만약 그 무의식을 바꾸고 싶다면 말이죠!"

이런 주제로 대화를 나눈 뒤 영아 님은 끌어당김 노트를 썼다.

내 시간을 쓰고 희생하고 고생해야 돈을 벌 수 있다는 무의식을 갖고 있다는 것을 알게 되었어. 그게 정확히 지금 나의 현실인 것 같아서 더 놀랐어.

왜 이런 생각을 갖게 되었을까? 지금 생각해 보니 부모님의 영향이라는 생각이 들어. 맞벌이 부부였던 부모님은 항상 바빴었고, 내가 투정이라도 부릴 때면 돈을 벌기 위해서는 어쩔 수 없다는 말씀을 자주 하셨어. 그래서 늘 힘들게 고생하시면서 일하시는 부모님의 모습을 보고 돈을 벌려면 저렇게 해야 된다 생각한 것 같아.

내가 처음 취직했던 회사가 일이 엄청 많아서 맨날 야근을 했거든. 하루는 내가 너무 힘들어서 엄마한테 전화해서 지금 회사가 너무 힘들다고 말한 적이 있는데, 그때 엄마는 원래 다 그렇게 고생하면서 돈을 버는 거라고 하셨어. 힘든 건 당연한 거라고. 엄마는 더 힘들게 돈을 벌었으니까 불평하지 말고 다니라고.

그래서 2년을 더 버티다가 지금 회사로 옮겼는데 여기를 다니면서 알게 됐지. 이전 회사가 문제가 좀 많았고, 직원들을 너무 혹사시킨 회사란 걸 말이야. 그런데 내가 이런 생각을 갖고 있으니까 그걸 문제라고 생각하지 못하고 그냥 버틴 거였어. 지금 회사는 이전 회사와 비교하면 힘들지 않은 편이거든.

네가 원하는 건 뭐야?

내 친구들을 봐도 나처럼 열심히 안 사는데 나보다 더 잘사는 친구들도 있거든. 나는 그게 그 친구들이 운이 좋거나 부모를 잘 만나서 그렇다고 생각해 왔어. 그런데 내 생각 때문에 내가 이렇게 살고 있는 것일 수 있다는 생각을 처음으로 하게 됐어.

그렇다면 내 무의식을 바꾸고 싶어. 나이를 계속 먹어가는데 언제까지 이렇게 힘들게 일할 수는 없잖아. 힘들게 일하지 않아도 돈을 벌 수 있다는 생각을 자연스럽게 하고, 그런 현실을 만들고 싶어. 나도 이제 건강을 챙기면서 여유롭게 일하며 돈을 버는 그런 삶을 살고 싶어.

어떻게 해야 그렇게 살 수 있을까?

고생스럽게 일하지 않으면서 여유로운 사람들을 찾아볼래. 참! 우리 회사에도 그런 사람이 있어. 내일 그분에게 평소에 어떤 생각을 갖고 있는지 물어봐야겠어. 그분의 행동도 자세히 살펴보고 싶어. 같은 회사를 다니는 가까운 사람이니까 그 사람에게 가능한 삶이라면 나도 가능하지 않을까?

그리고 나도 돈을 위해 나를, 또는 내 시간을 희생해야 한다는 생각 대신 이 안에 존재하는 즐거움에 집중해 봐야겠어. 즐거움이나 성취감도 분명히 있거든. 그런데 너무 몸이 힘드니까 얻는 것보다는 불평에 더 집중했던 거 같아. 이기적인 선택도 해볼 거야. 지금까지는 '내가 먼저 고생하고 희생하고 말지.' 그런 생각을 많이 했는데 지나보니 고마워하는 사람도 없더라고. 그럼 난 그런 사람들을 보며 실망하고···.

이젠 나도 나 자신을 더 위하는 선택을 해볼래. 나만을 위한 시간을 확보해서 그 시간은 오직 나를 위한 시간으로 보내봐야겠어. 그럼 점차 이렇게 살아도 괜찮다는 것을 알게 될 거 같아! 생각도 점차 바뀌고!

내가 가진 돈에 대한
고정관념

우리는 돈에 대해 추구하는 바도 각기 다르고 생각도 다르다. 이런 생각은 우리가 살아가고 있는 환경에 따라 바뀌기도 하고 더 견고해지기도 한다. 자본주의는 '이득'을 추구하는 사회인데, 자본주의가 추구하는 방향과 다른 생각을 갖고 살아가는 것은 그 자체로 많은 딜레마를 겪을 수 있다. 예를 들어 무소유나 미니멀리즘을 추구하는 것, 소박하게 사는 것, 적게 벌고 적게 쓰는 것은 이 사회에서 결코 쉽지 않은 선택이다. 적게 소유하고, 최소한의 쓰레기를 배출하고, 욕심 없이 가진 것에 만족하며 사는 삶은 끊임없이 이득을 추구하고 소비하고 성장해야만 하는 자본주의와 반대 방향에 서 있다. 그렇기 때문에 이런 생각을 갖고 살아가는 사람들을 때론 실패자로 바라보기도 한다. (내가 개인적으로 미니멀리스트를 더 존경스러운 눈빛으로 바라보는 이유 중하나이기도 하다.)

　만약 우리가 사유재산이 허용되지 않는 나라에서 살고 있다면 돈을 탐하고, 더 많이 소유하기 위해 노력하는 사람을 이상하게 바라볼 것이다. 내가 가진 생각들은 언제나 내 환경에 영향을 받고 있다는 사실을 기억해야 한다. 그래서 자신의 생각을 늘 의심하고 다시 생각해 보는 연습이 필요하다. 100퍼센트 정답은 없기 때문에 의심하고 질문을 반복하다 보면 내가 가진 선입견을 발견하게 되고, 이를 인식함으로써 생각이 더 확장되고 놀라운 아이디어가 떠오르는 경험도 하게 될 것이다.

　다음은 수강생들이 말하는 돈에 대한 고정관념에 관한 이야기다. 공감 가는 부분이 있을 것이다.

효연(가명): "저는 노트를 쓰면서 '돈에 대한 결정권을 갖는 것이 내 인생에 대한 결정권을 갖는 것'이라는 생각을 새롭게 갖게 되었어요. 그래서 누군가 다른 사람의 돈을 쓰면서 사는 것, 그러니까 부잣집에 시집가서 남편 돈을 받아서 사는 것은 내 인생에 대한 방향키를 내가 스스로 갖지 않는 것이라는 생각을 갖게 되었고, 내가 스스로 돈을 벌어서 써야지 누구의 돈을 받아 사는 건 아니라는 생각을 하게 됐어요.

　그리고 내가 버는 돈에 맞춰서 소비해야 된다고 생각해 왔는데 지금은 내가 하고 싶은 것이 있으면 돈을 쓸 수 있다, 그 새로운 상황에 의도를 맞추면 돈은 생긴다, 이렇게 생각이 바뀌었어요.

소미(가명): 저랑은 반대네요. 저는 집안 형편이 갑자기 어려워져서 자립심 강하게 자랐거든요. 항상 알바를 하고 혼자 벌어서 대학 다니고, 그러면서 자존심 하나로 버텼어요. 대학에 들어가보니 저처럼 생활비를 벌어 쓰는 애들은 적고, 부잣집 애들이 진짜 많더라고요. 걔네들 앞에서 주눅 들지 않기 위해 전 이런 생각을 갖게 되었어요. '부모 도움받아서 저렇게 떵가떵가 놀고 이미 성인이 됐는데도 참 못났다.' 이런 생각을 하면서 제 자존감을 스스로 지키려고 했던 것 같아요. 걔네들을 낮추어 보면서 내 스스로를 기특하고 대단하게 생각하려는 거죠. 그래야 얘네들과 어울릴 때 저도 주눅 들지 않고 당당할 수 있으니까요.

　이런 생각을 아주 오랫동안 갖고 있었어요. 그래서 누가 저를 도와준다고 하면 항상 거절했어요. 한번은 생활비가 모자란 적이 있었는데 알바비 입금 전까지 돈이 없는 거예요. 사실 워낙 돈 많은 친구들이 많아서 부탁하면 돈을 빌릴 수 있는 상황이었지만, 5만 원을 빌려달라고 말하기가 그렇게 자존심이 상하고 힘들더라고요. 그래서 무조건 버티고 절대 부탁도 하지 않고 혼자 힘으로 해결하려고 했어요.

이런 생각으로 생활하다 보니 남편감을 구할 때도 상대가 저보다 너무 부자면 부담스러웠어요. 그러니 잘 이어지지 않더라고요. 괜히 제가 주눅 드는 일이 있을 것 같고, 상대가 더 많은 것을 해주니 뭔가 요구하는 대로 따라야 할 것 같은 생각도 들었거든요. 그래서 결국 집안도 비슷하고 양가 부모님 도움 없이 온전히 우리 힘으로 결혼했어요. 근데 제 친구들은 부모님한테 지원받아서 아파트도 딱 사서 들어가더라고요. 그 아파트 값이 두 배 되고 세 배 되고. 그럼 참 현타가 오죠.

그러던 어느 날 알게 됐어요. 제가 가졌던 생각 때문에 참 많은 기회를 날려버렸다는 것을요. 사람들에게 부탁하고, 때론 기대어도 됐는데 그게 뭐가 그렇게 나쁘고 자존심 상한다고 그렇게 고군분투하며 살았는지…. 그래서 지금은 그런 생각을 바꾸려고 해요. 누군가에게 의지한다고 해서 내 자존심이 상하는 것도 아니고, 상대의 의지대로 따라야 하는 것도 아니라고. 그러니 힘들 땐 부탁도 하고, 기대기도 하고, 누군가 돈을 준다고 하면 아이고 감사합니다 하고 달려가서 받겠다고 말이죠.

저자: 두 분이 바꾸고자 하는 생각이 다르네요. 맞아요. 우리 생각은 모두 주관적이고 정답은 없어요. 앞으로도 우리는 어떤 경험을 통해 생각이 계속 바뀔 거예요. 중요한 것은 돈에 관한 나의 생각을 꾸준히 살펴보고 현실과 대조해 보면서 내가 원하는 삶을 창조하는 데 유리하도록 무의식을 계속 수정해 나가는 것입니다.

내가 내 성공을
두려워한다니!

상미(가명): 저희 엄마는 제가 아는 사람들 중에 가장 돈이 많아요. 엄마는 남들이 보기에 성공한 여자이고 부자지만, 그 성공 때문에 등한시했던 것들이 있어요. 저를 비롯해서 제 동생들, 그러니까 가정에는 정말 신경을 거의 안 쓰고 돈 버는 데만 신경을 다 썼어요. 그러다보니 저는 그런 엄마 때문에 상처를 굉장히 많이 받았고, 그 상처가 지금도 남아 있어요. 지금도 그 상처가 다 아물지 않았고, 심지어 제 막냇동생은 몇 년 전에 조현병 진단까지 받았어요. 상황이 이렇게 되고 보니까 이런 마음이 들더라고요. 아무리 성공하고 돈이 많아도 가장 중요한 것을 보살피지 않으면 아무런 의미가 없다고요. 엄마를 보면서 저는 그걸 간접 체험했어요.

그러면서 동시에 제 무의식에 어떤 게 있냐면, 열심히 일하고 싶고 하고 싶은 일도 되게 많은데, 일을 하면 저도 정신이 팔려서 내 자식을 등한시하고 나중에 내 자식들에게 문제가 생기는 게 아닐까 그런 두려움이 있는 거예요. 그러니까 돈을 많이 벌었을 때 그런 일이 생기면 어떡하지? 나도 엄마처럼 되면 어떡하지? 그런 두려움. 그래서 저는 제가 부자가 되고 싶은 걸 나 스스로가 약간 거부하고 있다는 느낌이 있어요. 일을 벌이고 싶어도 일을 못 벌이고 있는 건 이런 이유 때문이라는 생각이 드는 거죠. 보통 사람들은 돈이 없는 것에 대해서 많은 결핍을 느끼는데 저는 돈이 많으면 어떡하지? 돈이 많아서 불행해지면 어떡하지? 돈이 많아서 이미 불행이 시작된 것 같아, 이런 무의식을 갖고 있는 거죠.

한편으로는 엄마가 나에게 주지 못했던 어린 시절의 사랑 있잖아요. 그 결핍을 제가 돈이나 물질적인 것으로 받아내고 싶어 하는 모습도 있어요. 작년에 제가 이사할 때 엄마가 돈을 많이 보태주셨거든요. 그러니까 좀 충족이 되더라고요. 우리 엄마가 나를 사랑하는구나. 그리고 나보다 형제들이 더 가져가면 형제들이 얄밉고 그래요. 이미 모두 성인이 됐는데도 부모한테 계속 의지하고 있어요. 어린 시절 못 받은 사랑을 다 뜯어내고 싶어 하는 마음이 제 안에 있다는 걸 알게 됐어요.

그리고 전 엄마의 피가 내 안에 있다고 생각해서 일을 시작하면 엄마처럼 집중해서 그것만 보면서 살 것 같아요. 그래서 성공할 수도 있을 것 같지만 그로 인해 놓치는 것에 대한 두려움, 아이에 대한 우려가 있더라고요. 제가 그동안 이런 두려움으로 도전을 못했다는 걸 이번에 제대로 인식하게 되었어요. 하지만 이 부분을 바꾸고 싶은지 아닌지는 더 질문해 봐야 할 것 같아요.

돈에 대해
바꾸고 싶은 생각

돈에 대한 다양한 경험과 무의식, 그리고 반복되는 행동들을 알면 이 중 내가 바꾸고 싶은 것을 결정해서 생각을 바꾸기 위해 노력할 수 있다. 그리고 이것은 내가 바꾸고 싶은 현실에 대한 노력이기도 하다. 앞선 사례의 수강생은 자신이 인식하게 된 돈에 대한 무의식에 대해 다음과 같은 끌어당김 노트를 썼다.

 네 무의식을 알게 되니 어떤 기분이 들어?

내가 엄마의 부족한 사랑을 돈으로 보상받고자 한다는 것을 알게 됐어.

나한테 이런 무의식이 있었다니, 인정할게. 그렇지만 이제 좀 방향을 바꿔야 될 것 같아. 그동안 내가 엄마한테 너무 많이 얽매여 있었고, 엄마와 나를 분리시키지 못하고 있었다는 생각이 들어. 나는 엄마 딸이긴 하지만 서로 다른 사람이잖아. 당연히 부모이기 때문에 부모의 무의식도 내게 많이 전해졌겠지만, 결과적으로 나는 하나의 객체야. 그러니 이제 조금씩 엄마랑 거리를 두고 내가 할 수 있는 일에 집중해야겠어. 엄마의 도움 없이 내 스스로의 재능을 꺼내서 할 수 있는 일을 조금씩 시도해 볼래.

그런 생각을 한 이유는 뭐야?

10년 후나 20년 후에 내가 그때 엄마 때문에 이걸 못했잖아 하면서 엄마를 원망하고 싶지 않거든. 내 자신이 엄마 핑계를 대지 못하도록 하고 싶어. 핑곗거리를 내 스스로 만들지 않으려면 여기서 조금씩 엄마와 거리를 두거나 끊어내야겠다는 생각이 들었어. 자립할 수 있도록 말이야.

성공하고 바빠지면 엄마처럼 아이들에게 소홀해지고, 그래서 상처를 주면 어쩌나 걱정했잖아. 정말 그럴까?

내가 엄마를 닮았기 때문에 나도 뭔가를 시작하면 엄마처럼 집중하게 되고 결과도 잘 나올 것 같다는 생각이 들어. 그래서 엄마가 그랬듯이 아이들에게 관심이 적어질까 봐 두려움이 있었던 것 같아. 엄마를 싫어했던 이유지만, 어쩌면 나에게도 그 모습이 있을지 모른다는 생각을 했던 거지.

그런데 다시 생각해 보니 엄마랑 나는 다른 객체야. 그리고 내가 그 상처를 인식하고 있으니 우리 아이한테는 다르게 행동할 수 있어. 나는 아이가 네 살이 될 때까지 온전히 내가 돌봤고, 그건 엄마가 나를 키웠을 때와는 전혀 다른 모습이거든. 나는 이미 엄마와는 다르게 아이를 돌보고 있어. 그래서 아이도 충분히 엄마의 사랑을 인지하고 있지. 이제 아이도 많이 컸으니 내가 바빠진다 해도 크게 걱정할 건 없을 것 같아. 양보다 질이잖아. 아이와 함께 보내는 시간이 줄더라도 더 깊이 집중해서 사랑해 주면 될 것 같아.

그리고 남편도 있잖아? 남편에게 도움을 요청할 거야. 나 이런 거 하고 싶은데 당신이 조금씩 도와줘야 돼. 아이 케어를 해줘야 돼. 왜냐면 당신 나중에 회사 안 다니고 싶다고 했지? 그러려면 내가 지금 성장해야 당신이 회사 그만둘 수 있어. 이렇게 말하면서 도움을 요청하면 될 것 같아!

그동안 내가 도전을 미루면서 핑계 댔던 여러 환경적인 제약과 한계가 사실 모두 내 스스로 만들었다는 것을 알게 되니 더 이상 도전을 미룰 이유가 없어졌어! 이제 내가 원하는 일에 도전해 볼 수 있을 것 같아!

이 노트를 쓰고 난 뒤 자신의 변화에 대해서 그녀는 이렇게 말했다.

"여전히 부모님 도움을 조금씩 받고 있긴 해요. 하지만 예전과는 많이 달라졌습니다. 예전엔 도움을 받을 때 엄마가 날 도와줬으니까 내가 그만큼 상응하는 뭔가를 해드려야 한다는 의무감이나 부담감도 있었거든요. 그런데 이제는 이렇게 말해요. '엄마, 나 그때 전화 못 받아. 나 그때 그 일 못해. 내 일 해야 돼.' 이렇게 말하고 거절할 수 있게 되었어요. 예전엔 거절을 못했거든요. 어떻게 보면 약간 싸가지 없는 딸처럼 된 것인지도 모르겠지만 k 장녀, 착한 아이 콤플렉스에서 벗어나 좀 더 독립적인 사람이 된 것 같아서 좋아요. 이렇게 행동함으로써 조금씩 엄마와 거리감도 두고 있고요.

그리고 새로운 일에 도전했어요. 글도 쓰고 원래부터 관심 많았던 심리학 공부도 하고 있어요. 남편에게 당당하게 도움을 요청하고 나만의 시간을 더 확보할 수 있게 되어서 좋아요. 아무 문제 없이 잘 자라고 있는 아이를 보니 제 걱정도 그냥 기우였어요."

내가 질투하는 것은
내가 원하는 것

나는 너무 돈돈돈 하는 사람이 싫어. ○○는 이번 동창 모임에서도 자기가 얼마 벌었다면서 돈자랑만 잔뜩 하다 갔어. 그게 얼마나 꼴보기 싫던지. 헤어질 때 보니 테슬라를 보란 듯이 끌고 가더라고.

그걸 보니 어떤 감정이 들었어?
우선 다른 삶의 가치들도 많은데 돈만 추구하는 모습(정말이야? 사실이야?) 이 너무 없어 보이고 탐욕스러워 보였어. 그리고 학교 다닐 땐 나보다 공부도 못하던 녀석이 그렇게 크게 성공한 걸 보니까 사실 질투도 났던 것 같아. 부럽기도 했어. (밑줄: 사실, 형광펜: 감정)

알게 된 사실: 아, 내가 사실 그 친구를 부러워하고 있었구나!

그 친구를 왜 탐욕스럽다고 생각했어? 탐욕의 기준은 뭐야? 너는 어떻게 돈을 써야 된다고 생각해?

돈 좀 있다고 해서 허세를 부리거나 흥청망청 쓰는 건 안 좋은 것 같고 적당한 선을 지켜서 쓰는 게 맞다고 생각해. 그런데 그 친구는 과하게 지출하고 있는 것처럼 보였거든.

정말이야?

그런데 지금 다시 생각해 보니까 그 친구의 수입에 비하면 적당한 선에서 소비한 것일 수도 있겠다는 생각이 들어.

탐욕스럽다고 판단한 기준도 지금 생각해 보니 딱 내 기준이었어. 이 정도 나이의 샐러리맨이라면 어느 정도를 소비해야 한다는 기준을 내 스스로 세워둔 채, 저런 차를 타고 저런 소비를 하는 것은 너무 허세라고 생각했던 것 같아.

그런데 사실 그 친구 상황에서는 무리한 지출이 아닐 수도 있잖아. 돈 얘기를 많이 하는 것도 나는 '탐욕스럽다'고 비하했지만, 사실 그렇게 성공하고 돈을 벌려면 머릿속에 돈 생각으로 가득 차 있는 게 당연하다는 생각도 들어. 내가 괜히 부러워서 그 친구를 두고 돈돈거린다며 비하하고 질투했던 것 같아.

그런 감정이 들었구나. 충분히 그럴 수 있어. 질투할 수 있어. 그럼 진짜 네 마음은 뭐야? 네가 원하는 건 뭐야?

성공한 그 친구가 부러워. 사실 나도 돈 버는 방법을 알고 싶어. 나도 돈이 많았으면 좋겠고, 돈을 많이 벌고 싶어. 그러려면 나도 돈에 대해 욕망하고 돈을 벌기 위한 방법을 고민하고 행동을 해야 될 거야. 그러면 결국 나도 돈돈돈 해야 되는 게 당연한 것 같아.

깨달음: 돈이 많고 부러운 마음이 있는데 나는 잘할 자신이 없으니까 돈돈돈 한다면서 그 친구를 비하하고 그 친구의 단점을 찾아서 나를 위로하려고 했던 거구나! 친구에게 연락해서 그런 생각을 가졌던 걸 사과하고 돈을 벌 수 있는 방법도 물어봐야겠어!

내가 관심 없고 원하지 않는 일에는 시기 질투심이 들지 않는다. 자신이 애초에 할 수 없을 것 같은 부분에 대해서도 그런 마음이 들지 않는다. 나와 별 관계가 없는 사람이 아무리 큰 성공을 거둔다 한

들 질투심도 생기지 않는다. 금메달리스트나 대스타를 질투하는 사람은 없지 않은가. 우리나라 최고 부자를 시기 질투하는 사람도 거의 없을 것이다. 뜀틀 하나도 넘지 못하는 몸치인데 지인이 철인 3종 경기를 나간다고 질투가 나진 않는다. 자신이 도전해 보지 못할 넘사벽 수준이기 때문에 이때는 질투라는 감정이 들기보다는 대단해 보이고 멋져 보일 것이다. 그런데 지인이 집을 샀다고 하면 배가 아프기 시작한다. 만약 내가 운동신경이 있어서 학창시절 운동을 꽤나 했다면 지인의 도전이나 운동 성과에 대해 질투심이 은근히 올라올 수도 있다. 공부든 성공이든 결혼이든 다 마찬가지다.

그러니까 내가 관심 있고 할 수 있을 것 같은 분야이기 때문에 시기 질투를 하는 것이다. 어쩌면 그 성취가 이미 이전부터 내가 원했던 것일 수도 있다. 그런 감정이 생긴다면 내가 도전하고 성장할 수 있는 분야일 가능성이 높으니, 내가 도전해 볼 좋은 계기가 생겼다고 생각하면 어떨까? 끌어당김 노트를 쓰며 지인의 성공 속에서 나의 진짜 바람을 물어보고, 이를 위해 내가 할 수 있는 행동에는 무엇이 있는지 질문해 보자.

경험에 집중하면
돈은 다시 내게로 온다

돈은 소비가 아니라 교환된 것이고, 돈은 사라지는 것이 아니라는 사실을 깨달은 나는 한번 실험을 해보고 싶었다. 이전이었으면 쓰지 않았을 곳에 돈을 쓰면서 경험에 집중했을 때 돈이 다시 돌아오는지 직접 확인해 보고 싶었다. 평소에 쓰지 않았던 곳에 돈을 쓰는 일은 분명한 용기가 필요했다. 고민 끝에 호텔 멤버십에 가입했다.

나는 1년 중 마지막 날 여행을 가거나 좋은 장소에 묵으며 한 해를 마무리하곤 한다. 연말에 호캉스를 하면서 한 해를 돌아보고 새로운 한 해에 대한 계획을 짜는 시간을 갖는 것이다. 새로운 한 해를 가장 좋은 분위기에서 맞이하고 싶기 때문에 몇 년째 이렇게 보내고 있는데, 매년 연말 호텔을 가다보니 호텔에 멤버십 제도가 있다는 것을 알게 되었다. 멤버십 카드는 선불을 내면 1년 동안 정해진 횟수 안에서 호텔 숙박권과 뷔페, 식사권 등을 제공받는 카드다. 호텔 멤버십 금액을 알아보니 2박 숙박권과 식사권이 포함되어 있는 멤버십 카드의 가격이 45만 원이었다(2018년도 당시). 물론 혜택을 생각하면 비싼 금액이 아니지만, 당시 이제 막 전업주부로 살다가 유튜브로 약간의 수익이 나기 시작한(당시 매달 10~20만 원 정도 수익이 났다) 상황, 그리고 꼭 호텔에 묵어야만 하는 상황이 아니었기에 멤버십 카드를 만드는 게 쉬운 결정은 아니었다.

주부 입장에서는 평소 생활에 꼭 필요한 물건이나 음식, 가족을 위한 비용이 아닌 것에 지출을 한다는 건 쉬운 일이 아니다. 게다가 나는 학생 시절부터 직장인이었던 때까지 항상 치열하게 돈을 벌었고, 계획적인 소비를 했고, 알뜰하게 자산을 꾸려오는 게 몸에 배어 있는 사람이었다. 군이 쓰지 않아도 되는 곳에 돈을 쓰는 것을 굉장히 싫어했고, 충동구매도 거의 하지 않았으며, 소비할 때도 가격과 제품을 열심히 비교하여 좋은 소비를 하려고 노력하는 사람이었다.

호캉스를 처음 할 때에도 더 나은 새해를 위한 투자라는 명분과 어차피 아이들 데리고 수영장에 가면 입장권과 비슷한 금액이니, 호텔에 가서 마음껏 수영하면 그렇게 비싼 지출도 아니라고 스스로를 설득했다. 그렇게 시도한 첫 호캉스에서 쓴 끌어당김 노트 덕에 다음 해에 좋은 성과를 냈고, 결과가 만들어지니 연말 호캉스 루틴을 그제야 마음 편히 결정할 수 있게 된 것이다. 그렇게 연말에 한 번씩 호텔을 이용하고 있긴 했지만, 호텔 멤버십을 끊어서 1년 중 몇 회를 호텔에 투숙하는 것은 쉽지 않은 결정이었다.

'내가 이 정도의 돈을 여기에 써도 될까? 꼭 필요한 것도 아닌데…. 이런 게 사치 아닐까?'

'차라리 해외를 가면 모를까, 집 근처 호텔인데 너무 아깝지 않나? 이 돈이면 다른 걸 할 수 있는데….'

여전히 나는 나를 위한 소비에 익숙하지 못했다. 하지만 이번에는 이런 망설임을 깨보고 싶었다. 나를 위해 과감히 소비하고, 이와 교환된 것을 더 빠르게 생각하면서 교환된 것의 가치에 집중할 수 있는 사람이 되고 싶었다. 그래서 눈 딱 감고 호텔 멤버십을 결제했다. 어떤 지출을 앞두고 여러 가지 감정과 생각이 떠오른다면 이를 지켜보면서 그중 바꾸고 싶은 부분이 있다면 기존과 다르게 행동해 보자. 그 행동으로 마음속 생각들도 바뀔 수 있다.

돈과 호텔에서의 경험이 교환되었으니 이제 돈이 나갔다는 생각이 아닌, 이것과 교환된 경험에 온전히 집중해야 한다. 그렇게 호텔을 끊고 아이들과 호텔에 숙박했다. 아이들은 새롭게 바뀐 잠자리와 경험을 매우 즐거워하고 좋아했다. 호텔 수영장에서 즐겁게 수영을 하고 맛있는 뷔페를 먹고 좋은 시간을 보냈다. 썬베드에 누워 아이들이 수영장에서 노는 모습을 지켜보니 정말 엄청난 여유와 풍요로움, 감사함이 느껴졌다. 아이들은 늘 그렇듯 또 오자고 했다. 그런데 이번에는 멤버십 카드가 있으니 다음 호캉스도 어렵지 않게 결정할 수 있었다. 돈을 썼다는 생각보다는 지금 느끼는 경험과 풍요로움, 행복감과 감사함이 더 크게 느껴졌다. 또 의도적으로도 느낌과 경험을 얻는 데 집중하려고 노력했다. 그러고나자 놀라운 일이 벌어졌다.

호텔로 돌아와 메일함을 살펴보는데 한 통의 메일이 도착해 있었다. 내 유튜브 채널 구독자인데 자신에게 고민이 있다는 것이다. 며칠 후 서울에 올라갈 일이 있으니 자신을 만나 상담해 달라는 내용이었다. 무척 당황스러웠다. 상담을 정중히 부탁하는 것도 아니고, 자신의 서울 스케줄에 맞춰 시간을 내달라는 얘기를 너무 당연하고 당당하게 했기 때문이다. 연배도 나보다 훨씬 많은 분이어서 내가 과연 이 분께 어떤 이야기를 드릴 수 있을지도 우려스러웠다. 나는 어떻게 거절을 할까 고민하다가 이렇게 답장을 보냈다.

"저는 원래 일대일 상담을 하진 않지만, 절실하신 것 같으니 상담을 해드리겠습니다. 말씀하신 날짜에 상담이 가능합니다. 상담 비용은 43만 원입니다."

거절을 위한 메일이었다. 왜 43만 원이라고 썼는지는 나도 모르겠다. 그냥 그 정도가 상대에게 부담되는 금액이라 생각했다. 이렇게 메일을 보냈는데 바로 답장이 왔다.

"아, 비용이 있었군요! 그건 제가 생각하지 못했네요. 생각해 보니까 그렇게 절실하고 급한 문제는 아닌 것 같습니다. 다음 기회에 뵙

겠습니다."

나는 아주 자연스럽게 거절이 된 것 같아 다행이라고 생각했다. 다시 가벼워진 마음으로 호캉스를 즐기고 호텔에서 잠이 들었다. 그런데 다음 날 새벽에 입금 알림 소리가 들렸다. 이상한 기분이 들어 잠깐 눈을 떠서 휴대전화를 확인해 보았더니 43만 원이 입금되었다는 알림이었다! 놀라서 메일을 열어보았다. 전날 상담 요청 메일을 보냈던 분이 고민 끝에 입금을 했으니 상담을 해달라고 메일을 보낸 것이다.

세상에! 결국 상담을 요청한 것이다! 입금 시간을 보니 새벽 3시였다. 그분이 얼마나 고민을 하며 입금을 결정했을지 느껴지는 시간이었다. 그분에게 이 돈은 분명 큰돈이었을 것이다. 얼마나 고민을 하다 이 새벽에 돈을 입금하신 걸까! 나는 거절하려고 부른 금액이었는데, 이렇게 덜컥 입금이 되자 걱정이 되기 시작했다. 그런데 불현듯이 금액이 호텔 멤버십 금액과 비슷하다는 것을 알게 되었다!

'정말로 돈이 다시 내게 돌아왔어! 내가 멤버십에 결제한 금액과 거의 똑같은 금액이잖아. 정말 신기하다. 돈은 정말 돌고 도는 거야! 내가 돈이 없어졌다고 생각하지 않고 경험과 풍요로움에 집중하니까 다시 그 돈이 내게 돌아온 것 같은 느낌이 들어. 확실해.'

이런 신기한 경험을 하면서 다시 나보다 연배가 훨씬 많은 그분을 만나 어떤 이야기를 나누면 좋을지 고민하기 시작했다. 내가 과연 할 수 있을까? 다시 끌어당김 노트를 폈다.

돈이 내게로
돌아왔다!

내가 그렇게 큰 비용을 받고 상담할 능력이 될까? 물론 이전에도 프로그램이나 강연을 하면서 고민을 들어주고 상담을 해볼 적은 많지만, 그땐 돈을 받은 게 아니었어. 게다가 대부분은 나보다 어린 사람들이어서 내가 지나온 길을 밭춰해 조언을 해줄 수 있었지. 또는 공감대가 있는 주부들이나 여성들이었으니 가능했고. 그런데 이번엔 나보다 연세도 많고 경험도 많은 중년의 남성분이고, 어떤 고민인지 감도 잡히지 않아. 게다가 몇 시간 상담에 43만 원을 받았어. 그 가치 이상의 상담을 내가 할 수 있을까? 난 상담 자격증도 없다고!

⟶ 네가 전문가라서 그분이 네게 온 게 아니야. 전문 상담사처럼 보

이러고 할 필요도 없어. 지금까지 네 모습을 지켜본 사람이야. 그 모습을 기대하고 오시는 거잖아. 지금까지 해온 대로 너의 모습 그대로 그분과 진심으로 이야기를 나눠보자. 할 수 있을 거야. 그동안 네가 노트를 통해서 많은 답을 얻고 해결해 왔듯이 그분에게도 좋은 질문을 한다면 그분도 좋은 해결책을 얻을 수 있을 거야.

그리고 용기를 내서 약속 장소로 나갔다. 50대 중반의 남성분이 오셨다. 어떤 고민이 있느냐고 여쭈어보니 이렇게 말씀하셨다.

"저는 오랜 시간 직업 군인으로 살아왔습니다. 이제 퇴역을 했고 남은 삶을 살아야 하는데 무엇을 하며 살아야 할지 고민이 됩니다."

'아, 창업이나 자영업 같은 일을 시작하고 싶으신가 보다. 나도 자영업 경험이 있으니 이건 드릴 말씀이 있겠다.' 하는 생각이 들었다.

"어떤 쪽에 관심이 있으신가요?"

"사실 전 정치인이 되고 싶습니다. 어떻게 하면 정치인이 될 수 있을까요?"

"헉! 네?"

상담자의 대답을 듣자마자 너무 당황스러웠다. 정치인에 대해서는 어떤 경험도 정보도 없었기에 이 질문은 내가 조언할 수 없다는 생각이 들었다. 전혀 예상하지 못한 주제였다. 아차, 큰일 났다 싶었다. 그 순간 할 말이 없었다. 그래서 잠시 화장실을 다녀오겠다고 하고 자리에서 나와 화장실에 앉아 고민을 했다.

'어떻게 하지? 정치인이 되고 싶다고? 정치인되는 걸 나한테 물어보면 어떡해! 이건 내가 상담해 드릴 수 있는 부분이 아니잖아.'

그러다가 문득, 이분은 왜 갑자기 정치인의 꿈을 갖게 되었는지 궁금해졌다. 돌아가서 그 이유부터 물어봐야겠다는 생각이 들었다. 이유를 들어보니 자신이 정치를 하면 잘할 것 같기 때문이라는 대답이 돌아왔다. 하지만 질문을 거듭할수록 정치인으로서 이루고 싶은 포부나 목표에 대해서는 답변이 부족해 보였다. 진짜 자신의 내면에서 나온 꿈이 아니라 다른 이유로 만들어진 꿈인 것 같다는 생각이 들었다. 나는 그분을 더 이해하기 위해 그분의 군인 생활, 어린 시절 이야기 등 여러 가지를 차근차근 끊임없이 질문했다.

이분은 어린 시절 부모의 사랑과 인정이 부족한 환경에서 성장했다. 물론 그 당시에는 부모님들이 아이들에게 충분한 인정과 애정을 주기 어려운 시대였다. 하지만 아이에 따라 인정욕구가 다르고, 다른 아이들보다 더 심하게 결핍감을 느끼는 아이도 있다. 과거든 현대사회든 부모의 절대적인 사랑보다는 아이가 느끼는 상대적인 감정이 훨씬 중요하다. 똑같은 애정을 주고 키웠어도 어떤 아이는 애정이 충분하다 느끼고 어떤 아이는 부족하다고 느낄 수 있다. 아이 입장에서 충분하게 느낄 수 있도록 부모가 애정을 주는 것이 중요하다.

그분은 애정에 대한 갈망과 인정욕구가 매우 큰 사람이었다. 그래서 항상 인정받고자 노력해 왔다. 어린 시절엔 부모님으로부터 사랑받고자 노력했고, 학창 시절에는 친구들과 선생님에게 인정받고자 늘 열심히 노력했다. 고등학교를 졸업하고 직업 군인이 되었는데, 군대 안에서도 열심히 훈련하고 노력한 끝에 남보다 더 인정받을 수 있었다. 그렇게 모든 면에서 뛰어난 실력을 갖고 있고 최선을 다했지만, 자신이 뛰어넘을 수 없는 벽이 있었다. 바로 육사 출신의 군인들이었다. 그들은 출신 신분이 달랐다. 그래서 자기보다 열심히 하지 않아도, 또는 성과가 자신에게 못 미쳐도 자신보다 훨씬 더 높은 위치에 올랐다. 자신과는 지위 체계가 달랐고, 고졸 출신인 자신이 결코 뛰어넘을 수 없는 벽이 있다는 생각에 답답하고 억울한 경우가 많았다. 자신보다 나이 어린 사람들이 상사가 되는 경험을 했고, 경력과 실력이 부족한 사람들에게도 고개를 숙여야만 했다. 이들을 뛰어넘을 수 있는 방법은 정치인이 되는 것이었다.

드디어 그분이 왜 정치인이 되고 싶어 하는지 진짜 속마음을 알게 되었다. 이렇게 말씀을 드리자 그분은 놀라워하면서 고개를 끄덕였다. 자신이 왜 정치인이 되고 싶었는지 그 이유를 이제 이해하게 되었다고 하셨다. 나는 이유를 알아냈으니 이제 이분의 상처와 아픔을 치유하는 일이 필요하다고 생각했다. 나는 먼저 그분이 해온 노력과 열심히 살아온 모습을 인정해 드렸다.

"정말 얼마나 힘들게 사셨습니까! 얼마나 열심히 최선을 다한 삶입니까! 그간 정말 애 많이 쓰셨습니다. 대단하세요! 훌륭하십니다! 항상 열심히 살아오신 멋진 분이시네요."

이렇게 그분이 부족하다고 느꼈던 인정욕구를 채워줄 수 있는 이야기를 해드렸다. 그러자 갑자기 그분이 엉엉 우셨다. 저 밑에 억눌러 놓았던 감정과 쌓인 상처가 다 폭발하는 것처럼 나보다 한참 연배가 많은 분이 내 앞에서 아이처럼 엉엉 우셨다. 상처받았던 내면의 아이가 내 앞에 있었다. 한참 동안 우신 그분은 마음이 한결 가벼워 보였다. 그분은 지금까지 살면서 평생 받았던 칭찬보다 오늘 하루 내게 받은 인정과 칭찬이 더 크고 깊었다며 감사하다고 하셨다. 그렇게 위로받은 그분은 정치인의 꿈보다는 진짜 자신이 잘할 수 있는 다른 일을 찾아보겠다며 자리에서 일어났다. 며칠 후 그분에게 메일이 왔다.

"처음에는 비용이 비싸서 갈까 말까 엄청 고민했는데 절실했기 때문에 새벽에 입금을 했어요. 상담을 하면서 제 안에 그런 상처가 있다는 것을 처음 알게 되었고, 제 마음을 돌아볼 수 있어서 너무 좋은 시간이었습니다. 정말 돈이 하나도 아깝지 않았습니다. 정말 감사합니다."

그리고 1년 후, 그분은 전공을 살려 한 회사의 임원으로 취직했다는 메일을 보내 오셨다. 그분이 항상 행복하시길 지금도 나는 응원하고 있다.

　나는 이 경험을 통해 때로는 새로운 지출과 경험이 필요하다는 것, 돈과 교환되어 온 경험이 돈으로 다시 돌아오는 흐름을 직접적으로 체험할 수 있었다. 또 그동안 끌어당김 노트를 쓰면서 질문해 왔던 방법들이 타인에게도 도움이 될 수 있다는 확신도 들었다. 상대에게 도움이 될 수 있는 내 안의 잠재력을 꺼내서 능력을 확인해 볼 수 있었던 그 시간이 여러모로 감사하고 소중하다.

7장

끌어당김 노트를 통한
일상의 변화

건강을
끌어당기는 방법

스트레스가 모든 병의 근원이라는 것을 우리는 잘 알고 있다. 몸과 마음은 객체이지만 서로 연결되어 있다. 그래서 마음의 상처, 걱정, 고민, 스트레스 같은 정신적인 문제가 몸으로 발현되는 것이다.

난 평소 여드름이 거의 없는 편인데 딱 두 번 크게 여드름이 난 적이 있다. 한번은 결혼식을 앞둔 시점이었고, 또 한번은 퇴사를 앞두고 있을 때였다. 결국 여드름 피부로 결혼을 했는데 비행기를 밤새 타고(남미로 신혼여행을 갔다) 경유지인 미국 공항에 내렸더니, 세상에! 얼굴 위에 여드름이 하나도 남아 있지 않았다! 몇 주째 사라지지 않던 여드름이 결혼식이라는 스트레스 요인이 끝나자마자 하루아침에 모두 사라진 것이다. 퇴사할 때도 그랬다. 퇴사에 대한 고민으로 온몸 가득 작은 두드러기가 나서 간지럽고 아팠는데 피부과에 가서 약을 먹어도 도통 낫지 않았다. 그랬던 피부병이 퇴사를 하자마자 거짓말처럼 깨끗하게 사라졌다. 이런 비슷한 경험은 누구나 있을 것이다.

나는 사람의 속마음이나 무의식이 툭 튀어나오는 연애 프로그램을 즐겨 보면서 등장인물들을 관찰하는 것을 좋아하는데, 연애 프로그램을 보다 보면 재미있는 공통점이 있다. 누군가의 관심과 사랑을 받으면 얼굴이 좋아지고(예뻐지거나 멋있어진다), 에너지가 생겨 피곤한지 모르게 된다. 반대로 아무 관심도 받지 못하거나 상대에게 거절당하거나 자신을 좋아했던 상대가 마음을 바꾸거나 무관심해지면 갑자기 컨디션이 좋지 않다면서 침대에 눕거나 실제로 감기에 걸리기도 한다. 정말 재미있고 신기한 일이다.

마음은 우리의 컨디션이나 건강과 밀접하게 관련이 있다. 여드름처럼 작은 증상부터 시작해서 감기, 두통, 정신질환, 더 나아가서는 암처럼 큰 병이나 우울증 등 다양한 증상이나 질병으로 표출되곤 한다. 그렇기 때문에 항상 자신의 마음이 어떤 상태인지, 혹시 지금 나의 질병이나 증상들이 마음에서 기인한 것은 아닌지 살펴봐야 한다. 증상이 나타났을 때 마음을 들여다보고 마음이 편안한 상태인지 물어야 한다. 건강 챙기기는 정신 챙기기에서 시작된다. 물론 의학적인 검사와 치료가 필요할 때도 있으니 잘 구별해야 한다. 팔이 부러졌는데 마음만 들여다보면 안 되는 것 아닌가.

이 챕터에서는 건강을 위해 끌어당김 노트를 어떻게 활용해 볼 수 있는지 이야기해 보자. 먼저 컨디션이 좋지 않거나 스트레스가 심하다면 노트를 펴서 자신의 마음 상태를 점검해 본다. (증상에 따라서는 병원을 반드시 가야 하는 경우도 있음을 다시 한번 강조한다!)

지금 나의 스트레스는 무엇인가? 지금 내가 가장 크게 걱정하고 있는 것은 무엇인가?

내가 바라는 이상적인 건강 상태는 어떤 것인가? 내가 갖고 싶은 몸은 어떤 몸인가?

앞에서 말한 (건강한) 몸을 갖게 된다면 어떤 기분이 들까? 뭐가 좋을까? 무엇을 할 수 있을까?

액션 플랜: 이를 위해 내가 지금 할 수 있는 것은 무엇일까?

고민을 쓰면서 내 감정도 같이 풀어내 보자. 고민이 있고 답답할 때 누군가에게 허심탄회하게 털어놓는 것만으로도 마음이 한결 가벼워지고 좋아지는 경험을 누구나 해보았을 것이다. 이처럼 노트에 털어놓고 '그랬구나.' 하고 스스로를 공감해 주는 행위만으로도 스트레스는 한결 줄어든다. 그리고 이 문제를 근본적으로 해결할 수 있는 방법도 생각해 봐야 한다.

　스트레스 요인 중에는 자신이 즉시 해결하지 못하는 경우도 많다. 그럴 경우라도 계속 내 마음을 알아주고 방법을 생각해 봐야 한다. 그리고 몸을 움직이기를 추천한다. 산책을 추천하지만, 밖에 나가기가 부담스러운 상황이나 그런 걸 별로 좋아하지 않는다면 작은 공간을 청소하는 것을 추천한다. 절대 집 전체를 청소하려고 하지 말자. 그러면 스트레스를 더 받는다. 서랍 한 칸, 책상 한 면, 또는 화장실 세면대와 거울만 청소해 보는 것이다. 이렇게 30분 내로 충분히 정리할 수 있는 곳을 택해서 행동해 보면 몸이 자연스레 움직여지고 한곳에 집중하게 됨으로써 고민만 붙잡고 있던 머릿속 생각들이 다른 곳으로 전환될 수 있어 잠시 머릿속 휴식이 가능해지고, 한 가지 일을 완수함으로써 성취감 또한 느끼게 된다.

　이렇게 작은 성취를 통해 기분 전환을 하면 또 다른 일을 해볼 에너지가 생긴다. 이런 식으로 스트레스를 줄이고 몸을 움직이는 반경을 넓혀가 보면 스트레스를 줄이는 데 도움을 받을 수 있을 것이다. 또 모른다. 화장실 거울을 닦다가 근본적인 해결책이 팍 떠오를지도!

좋은 인연을 위한
끌어당김 노트

인간은 사회적 동물이다. 사회적 동물이란 '인간은 개인으로 존재하고 있어도 홀로 살 수 없으며, 사회를 형성하여 끊임없이 다른 사람과 상호작용을 하면서 관계를 유지하고 함께 어울림으로써 자신의 존재를 확인하는 동물'이라는 의미다. 우리는 원하든 원하지 않든 늘 새로운 사람들과 이어지고 사람들과 어울려야 살아갈 수 있다.

　나와 이어지는 사람들의 모습은 참 다양하다. 이들 중에는 오랫동안 꾸준히 만나고 싶은 사람도 있고, 앞으로 다시는 만나고 싶지 않은 사람도 있다. 늘 좋은 사람들만 만나고 싶지만 나에게 오는 모든 인연이 좋은 사람일 수만은 없다. 그러니 내게 온 인연은 모두 필요해서 내게 온 것이고, 이유가 있다고 생각해 보자. 나쁜 사람을 경험해 봐야 좋은 사람을 만났을 때 더 소중하고 감사할 수 있게 된다. 다양한 인연을 통해 나는 무엇을 느끼고 무엇을 배울 수 있는지 생각해보자. 나쁜 사람을 반면교사 삼아 더 나은 모습으로 성장할 수도 있지 않을까? 정리하자면 모든 인연은 각자 다른 의미에서 모두 소중하다.

어떤 사람과의 관계에서 좋지 않은 경험을 했을 때, 정말 겪고 싶지 않은 경험이지만 이 경험을 통해 알게 된 배움이 내가 앞으로 살아가는 데 반드시 알아야 하는 내용이라고 생각해 본다. 그러면 그 나쁜 사람에게 문득 감사한 마음이 들기도 한다.

좋은 사람을 만났다면 그에게 감사함을 표현하고 그를 소중하게 대한다. 나와 그 사람이 관계 맺게 되었음에 감사하고, 이 인연을 앞으로도 소중히 만들어가겠다고 다짐하고, 그 사람과 함께하는 시간에는 상대에게 온 마음을 다해 집중한다. 내가 만나길 바라는 상대를 적어보는 끌어당김 노트를 쓰거나 내가 바라는 이상적인 관계 상황을 써보는 것도 좋다.

어떤 사람(연인, 친구, 배우자, 회사 동료…)이 내게 왔으면 좋겠어?

어떤 관계를 갖길 바래?

그렇게 되기 위해 내가 지금 할 수 있는 건 뭘까?

만약 상대의 행동에 불만이나 서운함이 생긴다거나 상대와 갈등이 일어날 때도 끌어당김 노트에 상황을 객관적으로 써보면서 개선점을 찾아낼 수 있다. 서로 나눴던 대화부터 자세하게 적고, 내가 서운하다고 느낀 부분이나 원인도 써보자. 자신의 감정을 털어내고 다시 제삼자의 입장에서 글을 읽어보면 내가 지레짐작하거나 혼자 오해한 부분이 있을지도 모른다. 내 생각을 의심해 봐야 한다. 그리고 내가 바라는 관계는 어떤 모습인지 그려보며 이를 위해 내가 무엇을 하면 좋을지 질문을 던져본다.

소중한 인연일수록 노력이 필요하다. 편한 사이일수록 존중하고 감사함을 더 많이 표현해야 한다. 그렇게 행동하다 보면 좋은 인연은 계속 많아질 것이고, 내 주변은 점점 더 좋은 사람들로 가득해질 것이다.

내 결정에 확신이 필요할 때
끌어당김 노트를 써라

퇴사 후 마음을 잡지 못하는 것이 고민인 한 사람이 있다. 구직은 마음이 안 내키고, 일단은 모두 내려놓고 푹 쉬고 싶다. 마음 같아서는 해외여행이나 한달살기 여행을 떠나고 싶은데, 백수라는 처지가 마음에 걸린다. 이럴 경우, 끌어당김 노트 쓰기를 통해 어떤 결정을 하게 되는지 그 과정을 따라가보자.

1년을 겨우 채우고 퇴사를 했다. 구직한 지 1년 만에 어렵게 들어간 회사였다. 열의를 갖고 하루하루 열심히 했지만, 능력이 많이 부침을 느꼈다. 그리고 직속 상사가 나랑 너무 안 맞았다. 나를 싫어하는 것 같았다. 결국 온몸에 두드러기가 나더니 몇 개월 사이 살이 5킬로그램이나 쪘다. 늦게 퇴근하고 집에 와서 배달시켜 먹으면서 스트레스를 풀 결과였다. 계속 자존감이 낮아지고 스트레스가 너무 심해서 견디지 못하고 퇴사를 결정했다. 나 자신을 지키기 위해 어쩔 수 없는 선택이었다고 생각한다.

다시 구직 활동을 해야 하는데 마음이 내키지 않는다. 훌쩍 떠나고 싶다. 해외여행을 다녀올까? 한달살기도 많이 한다던데 참 부럽다. 나도 다녀올 수 있을까? 지금까지는 나랑 상관없는 이야기라고 생각했는데, 갑자기 나도 못 갈 건 뭐야? 그런 생각이 든다. 한달살기를 가고 싶다⋯.

 한달살기를 가고 싶지만 걱정이 된다.

현재 나는 백수에 수입도 끊긴 상태다. 1년 정도 회사에 다녔지만 모아놓은 돈도 별로 없고, 이런 상황에서 여행을 가도 될까 하는 생각이 든다. 그럼 여행을 가지 않고 구직을 하면 되잖아? 하지만 지금은 다시 구직하고 싶은 마음이 들지 않는다.

내가 다시 회사를 다닐 수 있을까? 이번 회사도 겨우 1년을 채웠는데 다른 곳에서는 잘 적응할 수 있을까? 내가 원하는 것이 무엇인지도 모르겠다.

현재는 자존감이 너무 낮아진 상태라서 이런 상태로 면접을 본다고 해도 떨어질 것 같다. 겁도 많이 생긴 것 같다. 그래서 잠시 바람을 쐴 필요가 있다고 생각한다. 잠시 사람들과의 경쟁에서 떨어져 내 자신에게 집중하는 시간을 가져보고 싶다.

첫 번째 직장은 그저 전공에 맞춰 선택한 일이다. 학교 다닐 때에도 그랬지만 겨우겨우 쫓아가는 기분으로 일한 것 같다. 그렇다보니 늘 버겁고, 내 결과물에 대해 두려웠다. 여행을 통해 내가 진짜 원하는 일, 내가 잘 할 수 있는 일, 그리고 다른 세상에서 살고 있는 나의 다른 모습도 보고 싶다.

이번 여행의 목적이 나왔다! 이를 잘 기억하며 지내야겠다!

자, 그럼 먼저 걱정부터 정리해 보자.

여행 경비, 백수 상황, 불투명한 미래

해결 방법은 없을까?

• 여행 경비: 200~250만 원 정도면 한달살기 가능. 모아놓은 돈에서 쓰고, 돌아오면 백수 상태로 5개월 정도 버틸 수 있음. 생각보다 많이 들지 않음.

• 백수 상황과 불투명한 미래에 대한 걱정: 기대했던 직장생활을 경험했지만 결국 버티지 못했다. 이번엔 내가 하고 싶었던 디자인 일을 시도해 보고 싶다. 다른 나라의 디지털 노마드들을 보고 싶다. 나도 디지털 노마드가 될 수 있을까? 프리랜서 일을 먼저 구해보고 여행을 떠나보자. 그럼 한결 가벼운 마음으로 떠날 수 있을 것 같다.

액션 플랜:

1. 크몽 사이트에서 디자인 관련 업무 찾아보고 내 프로필 등록하기.

2. 포트폴리오 만들기: 그간의 작업들과 새로운 작업물들을 모아서 정리하자.

3. SNS 소개: 포트폴리오를 만들어 SNS 활동을 시작해 보자.

4. 콘텐츠 판매 사이트 등록: 콘텐츠를 직접 올려서 판매할 수도 있다는 걸 알게 되었다. 여기에도 도전!

큰 수입은 아니라도 내 힘으로 수입을 만들어낼 수 있다는 것을 확인한다면 여행도 시작할 수 있을 것이다. 그리고 다른 나라 디지털 노마드들을 직접 보면 자극을 받고 그들의 노하우도 배울 수 있을지 모른다. 한달살기라는 환경의 변화를 통해 새로운 시각으로 다시 나에 대해 탐구해 보자. 내가 좋아하는 것은 무엇인지, 앞으로의 진로에 대해 고민해 보고, 여행하는 동안 이를 결정하고 올 수만 있어도 충분히 가치 있는 시간이라고 생각한다. 에너지를 얻고 자신감을 채우고 돌아온다면 다른 일을 하게 되더라도 분명 도움이 될 거다.

다시 직장생활이 시작되면 이렇게 한달살기도 어려워질 테니 지금 이 기회를 놓치지 말고 돈을 쓰자! 그 이상(자신감, 동기부여)을 느끼고 가져오면 된다! 회사 다닐 때에도 내 미래는 불투명했다. 그런 불안은 뭘 해도 느끼는 것 같다. 새로운 상황에 도전해서 새로운 경험을 해보고, 다시 시작하자!

돈을 쓰다,
경험을 사다

우리는 무언가를 시도하기에 앞서 많은 고민을 하곤 한다. 어떤 선택이나 결정을 앞두고 고민이 될 때가 있다. 그 선택이 지금까지 한 번도 해본 적 없는 새로운 도전이라면 더더욱 망설여진다. 그리고 이 생각들은 꼬리에 꼬리를 물고 늘어나면서 행동을 더 망설이게 만든다. 생각으로 머릿속이 복잡해지고 행동이 계속 늦어진다면 끌어당김 노트를 써보자.

먼저 내 머릿속 생각들을 쏟아내서 머릿속을 비워보고, 내 감정을 풀어내서 마음을 편안하게 해준다. 그리고 내 걱정을 하나하나 자세하게 꺼내서 나열해 보고, 다시 이것들을 하나하나 살펴보면서 해결할 수 있는 방법을 찾아보는 것이다.

지금 상황이 넉넉하지 않으면 돈을 쓰는 순간에도 불안함과 죄책감이 느껴지기도 할 것이다. 하지만 걱정하고 불안해할수록 그런 상황만 끌어당겨진다는 것을 이해한다면 이젠 '나가는 돈'보다 '얻는 경험'에 더 집중하고 그것을 즐겨야 한다. 이전과는 조금 다른 삶을 원한다면 새로운 곳에 돈을 쓰고 새로운 경험을 해보아야 한다. 과감하게 지출을 결정해 보기도 하고, 그런 과정을 거치며 내 마음을 살피는 것이다. 돈의 액수나 어떤 소비를 했는지가 중요한 것이 아니라 돈을 쓸 때의 '마음', 그 과정에서의 나의 기분이 가장 중요하다. 내가 불안한 마음으로 돈이 줄어들 것을 걱정하며 돈을 쓴다면 그런 현실을 마주하게 될 것이고, 돈을 쓸 때 좋은 기분으로 풍요로움을 느낀다면 곧 풍요로운 현실을 마주하게 될 것이다.

눈앞의 현실을 무시하기는 물론 어렵다. 카드값 때문에 통장의 잔고가 간당간당한데, 그 상황에서 끌어당김 법칙으로 풍요의 감정을 끌어내는 것은 정말 어려운 일이다. 하지만 그렇게 부족함과 걱정을 느끼면, 이는 다시 현실에 반영되면서 악순환을 만든다. 그렇기 때문에 이때의 끌어당김 노트는 나 자신의 불안과 걱정을 덜어줄 수 있는, 나를 납득시키고 설득하는 과정이 되어야 한다. 그렇게 해서 불안이나 죄책감 대신 확신과 희망의 기분으로 돈과 경험을 교환한다면 결과적으로 다시 좋은 현실이 창조된다.

그래서 나는 돈이 없고 힘들 때, 오히려 과감하게 상황을 바꿔보는 시도를 해보라고 말한다. 이전보다 비싼 음식 재료를 사서 좋은 음식을 해먹거나 낯선 모임에 가서 새로운 사람들을 만나 자극을 받아보거나 호캉스나 여행을 통해 눈앞의 현실과 거리를 두면서 생각의 전환을 시도해 보는 것이다. 물론 감당하기 힘들 만큼 큰돈을 빌리거나 무분별하고 대책 없이 충동구매를 하라는 뜻은 결코 아니다. 자기 자신을 충분히 설득할 수 있는 선에서 그 이상의 경험을 체감할 수 있는 것과 교환을 시도해 보라는 뜻이다. 자신을 충분히 설득할 수 있는 수준의 금액부터 시도해 보면서 좋은 느낌을 만들고, 이를 반복하며 계속 스스로에게 질문을 던져보자.

나다운 것을
찾아가다

나는 작가이자 구독자가 적지 않은 유튜버이고 강의를 하는 강사다. 하는 일이 분명히 있음에도 난 평소에 이런 모습을 완전히 숨기며 생활한다. 아이들 친구의 엄마들을 만나거나 새로운 모임에 가면 항상 수수한 옷차림에 최대한 내 이야기나 의견을 내지 않고 조용히 있으려고 한다. 누군가가 무슨 일을 하냐고 물으면 주부라고 말하거나 남편 식당에서 아르바이트를 하고 있다고 답한다.

어느 날 방송국에 스케줄이 있어서 전문숍에서 헤어 메이크업을 받고 촬영을 마쳤는데 유치원에 아이를 데리러 가야 했다. 그래서 집으로 달려가 화장을 깨끗이 지우고 드라이한 머리도 다시 하나로 질끈 묶고, 수수한 옷으로 갈아입은 후 아이를 데리러 나갔다. 아이들에게도 선생님이나 친구들한테 엄마가 책을 내고 유튜브를 한다는 것을 말하지 말라고 일러두었다. 이런 나의 모습에 대해 그간 나는 아무 문제의식을 갖고 있지 않았다. 이런 행동이 이상하다고도 생각하지 않았고, 내가 왜 이런 행동을 하는지 궁금해하지도 않았다. 그러던 어느 날, 이 행동이 불편하다는 느낌이 들었다. 한 모임에서 하고 싶은 이야기를 하게 되었는데, 이런 게 나답다는 생각이 들었고, 이런 모습이 이전보다 훨씬 편하다는 생각이 들었다.

'그럼 난 그동안 왜 이런 나를 숨기고 있었지?'

이에 대한 궁금함으로 끌어당김 노트를 써보았다.

너는 왜 너를 소개하는 자리에서 네 진짜 이야기를 숨기려고 하는 거야?

괜히 튀는 게 부끄럽잖아. 혹시 사람들이 나를 잘난 사람이라 생각하고 거리감을 둘 수도 있고.

네가 잘한다고 생각하는 부분을 표현하면 어떻게 될 것 같은데?

시생이나 부러움을 받게 되지 않을까?

여기까지 쓰자, 한 무리의 아이들에게 따돌림을 당했던 6학년 때가 생각났다. 돌아보면 선생님의 인정을 독차지하고 싶었던 여자아이들의 시기와 질투로 생긴 일들이었다. 나는 사이좋게 지내고 싶어 그들의 비위를 맞추기 위해 많이 노력했지만 그 아이들의 조종 대상이 되었을 뿐이었다. 그 후에도 여중, 여고를 다녔기 때문에 여자아이들의 시기, 질투를 보면서 그에 따라 생기는 문제들을 알게 되었다.

> **내가 발견한 나의 무의식**
> 잘난 모습을 보이면 사람들이 나를 시기, 질투할 것이다.
> 사람들의 시기, 질투를 받아서 좋을 게 없다.
> 이로 인해 사람들에게 미움을 사거나 서로 간에 거리감이 생길 수도 있고,
> 사람들과 편하게 어울리지 못할 수도 있다.
> 나 역시 잘난 척하는 사람들을 보면 거만해 보이고 별로라고 느끼지 않나. 겸손한 것이 좋다.

새롭게 알게 된 나의 무의식과 이를 만든 근원적인 사건을 발견하고 정리했다. 그리고 이제 다시 질문을 통해 정말 원하는 나의 모습을 정리해 보았다.

네가 하고 있는 일을 다 말하면 사람들이 너를 시기하고 질투할 것 같아?

그럴 수도 있고 아닐 수도 있어.

사람들이 네가 하는 일을 알게 되면 너와 거리를 두고 너를 불편해할까?

음, 생각해 보니 그렇지 않은 것 같기도 하네. 어릴 때거나 경쟁 관계에 있는 학교나 회사에 다닌다면 그럴 가능성도 있겠지만, 지금은 그런 상황도 아니기 때문에 그렇지 않은 경우가 대부분일 것 같아. 물론 다른 사람이 속으로 어떻게 생각하고 있을지는 모르겠지만, 우연히 내가 하는 일을 알게 된 사람들의 반응을 돌아보니 오히려 반가워하고 좋아했던 것 같아.

네 안의 걱정이나 두려움은 뭘까?

아, 맞다! 나는 상대에 대해 잘 모르는데 상대가 나를 더 많이 알고 있다는 정보의 불균형도 두려워하는 것 같아. 뭔가 나만 까발려진 느낌이랄까? 목욕탕에서 같이 벗어야 되는데 나만 벗은 느낌이 들면 너무 싫잖아.

그럼 네가 해온 일, 하고 있는 일을 말하지 않는 게 나은 걸까?

그렇지 않아. 그건 나의 직업이잖아. 내가 하는 일이고, 그게 나인걸. 이

걸 숨기니까 다른 이야기들이 겉핥기식으로 빙빙 도는 느낌이 들 때도 있었어. 말해야 하는 상황에서는 숨길 필요가 없다고 생각해.

네가 하는 일을 숨기는 게 겸손한 걸까?

오히려 본의 아니게 거짓말을 해야 하는 상황도 생기는데, 이런 걸 보면 겸손은커녕 다른 사람들을 속이는 것 같다는 생각도 들어. 겸손은 내가 할 수 있는 것을 표현 안 하는 데 있는 게 아니라, 상대를 대하는 마음과 태도에 있는 거야. 맞아! 마음과 태도가 겸손하면 되는 거였어! 혼자 오바하고 있었네!

너는 어떤 관계를 원하고, 그 관계 속에서 네가 어떻게 행동하길 원해?

별 고민 없이 편하고 자연스럽게 행동하고 싶어. 재능이나 지식, 하고 싶은 말이 튀어 나올 때, 또는 이를 이용해 다른 사람들에게 도움이 될 수 있는 상황일 때 조언도 하고 내 생각도 표현하고 싶어.

사실 난 내가 그동안 만들어온 결과물들이 자랑스러워. 자랑하고 싶어서 입이 근질근질거릴 때도 있단 말야. 이젠 자랑하고 싶으면 하고, 아는 것이 있으면 아는 체도 하고, 있는 그대로 말할래. 겸손한 태도와 상대를 존중하는 마음이 더 중요한 거였어!

이렇게 글을 쓰며 고백하는 것도 너무 창피하지만, 숍을 다녀오면 내 외모가 너무 예뻐져서 꾸밀 일 없는 전업주부들이 내 모습을 보고 혹시나 자신과 나를 비교하고 스스로를 초라하게 여기면 어쩌나 하는 걱정도 했다. 내 나름대로 상대를 배려해서 조심해야 한다고 생각했던 것이다. 지금 보니 이런 생각 자체가 아주 건방진 생각이었다. 그리고 이 생각 안에는 나의 이런 속마음이 들어 있음을 알게 되었다.

'TV 속, 인스타 속 화려하게 꾸민 사람들을 보면 지금 나의 모습이 초라하게 느껴진다!'

결국 타인을 배려하고 걱정한다고 했던 나의 행동이 실제는 내 안에 그런 생각이 있었기 때문이었음을 알았다! 그래서 한껏 꾸민 날의 나를 보고 다른 사람들도 그런 생각을 할 수 있다고 생각한 것이다! 세상에, 창피해라! 모든 것이 나의 유치하고 건방진 생각이었던 것을 깨닫고 너무 부끄러웠다. 스스로가 매우 배려심 넘치고 겸손하고 수수한 사람이라고 생각해 왔는데, 아니었다.

내가 타인에게 듣고 싶었던 말-나의 무의식 발견!

저 사람은 알고 보니 능력자였어. 저런 일을 하면서 티도 안 내고 항상 수수한 차림에, 사람이 참 겸손하네!

나의 속마음을 끌어당김 노트에 쓴 날엔 얼마나 창피하고 부끄럽던지! 물론 그 시작점에는 시기 질투를 받았던 경험에서 온 두려움, 사람들과 더 편하게 어울리고 싶은 마음이 있었지만, 혼자 오바하고 있었음을 깨닫게 되었다. 나의 오만한 생각들로 나의 행동을 스스로 제한하고 가두고 있었다. 이를 알게 된 후 나는 많이 편해졌다. 이젠 자연스럽게 내가 하는 일에 대해 말하고, 출간한 책을 자랑하기도 한다. 그럼 상대는 처음에 잠깐 대단하다는 반응을 보이기도 하지만, 곧 평소와 같이 행동하고 그런 반응을 보면서 나는 더 편하게 나를 표현하면서 친해질 수 있었다.

끌어당김 노트는 항상 나의 날것 그대로의 속마음을 마주보게 해줌으로써 나를 부끄럽게 만든다. 하지만 그 역시 나의 모습이므로 귀엽게 인정하고 싶다. 이를 통해 더 성숙한 사람으로 나가면 된다고 믿으면서 말이다. 나 자신을 더 깊숙이 알게 되는 질문을 추천한다.

나다움은 무엇일까?
나는 어떨 때 나답다고 느끼는가?
과거에 내가 했던 행동 중에 스스로를 멋지다고 생각했던 적이 있었나?
어떤 행동을 할 때 편하고, 어떤 행동을 하면 불편한가?
어떻게 행동하면서 살고 싶은가?

이를 하지 못했던 이유는 무엇인가? 그 안에 내가 갖고 있었던 두려움은 무엇인가?

내가 원하는 행동을 하며 살기 위해 시도해 볼 수 있는 것은 무엇일까?

기분을 순식간에
전환하는 방법

지금 이 순간 행복해야 한다. 미래는 지금이 이어져서 만들어진 것이기에 지금 행복해야 미래에도 행복할 수 있다. 사실 미래는 없다. 오직 지금 이 순간뿐이다. 지금 당신의 기분은 어떤가? 물론 항상 크게 웃으며 흥분하며 기쁜 상태를 유지해야 하는 건 아니다. 마음이 평온하고 고통이 없는 정도면 충분히 행복한 상태다. 그런데 계속 기분이 다운되어 있을 때가 있다. 우울감에 빠져 있다면 기분 전환을 시도해 보는 것이 좋다. 가장 손쉽게 기분을 전환하는 노하우는 바로 '감사'다. 감사하는 마음을 끌어내기 가장 쉬운 일은 내게 없는 것에 집중되어 있는 시선을 내가 이미 갖고 있는 것으로 옮기는 것이다.

지금부터 내가 갖고 있는 것을 작성해 보자. 몇 개가 나올까? 100가지에 도전해 보는 것은 어떨까? 처음에는 100개쯤이야 쉽게 채울 수 있을 것 같지만, 실제 작성해 보면 100가지를 쓰는 것이 결코 쉽지 않다는 것을 알 수 있을 것이다. 나도 40개에서 고비가 왔다. 도저히 쓸 것이 생각나지 않았다. 그래도 계속 고민해 보며 100개를 채워보았다. 새삼 내가 갖고 있는 것이 얼마나 많은지 놀랍고 감사했다.

'내가 갖고 있는 100가지' 리스트를 적어보자. 그리고 좋은 기분으로 전환하고 싶을 때 이 리스트를 보는 것이다. 그러면 감사하는 마음이 들면서 불만이나 우울했던 기분이 빠르게 좋은 기분으로 전환될 것이다.

1. 걸어 다닐 수 있고, 뛸 수 있고, 수영도 할 수 있는 건강한 몸을 갖고 있다.
2. 큰 병에 걸리지 않아서 마음껏 돌아다닐 수 있는 자유가 있다.
3. 여행을 가서 하루 종일 걷고 놀 수 있는 체력과 에너지가 있다.
4. 남편과 아이들 모두 건강하다.
5. 아늑한 집이 있다.
6. 근처에 좋은 도서관이 있다.
7. 말을 또박또박 하는 재주가 있다.
8. 목소리가 좋다.
9. 키가 크고 내 얼굴이 좋다.
10. 흰머리가 많지만 두껍고 튼튼한 머리카락이라 감사하다.
11. 몸이 유연하다.

12. 재미있는 책을 많이 갖고 있다.

13. 많은 구독자와 팔로워가 있다.

14. 나를 거쳐간 천 명이 넘는 수강생들이 있다.

15. 좋아하는 향초가 있다.

16. 우리 거실뷰는 뻥뷰라서 가슴이 트인다.

17. 좋은 이웃들이 있다.

18. 두 아이 모두 친구들과 사이가 좋다.

19. 아이가 학교를 좋아하며 잘 다니니 감사하다.

20. 아이들을 바라보면 큰 사랑이 온몸에 퍼진다. 깊은 모성애와 사랑스러운
    아이들이 있다.

21. 양가 부모님들이 훌륭한 인품을 갖고 계신다. 모두 나를 사랑해 주신다.

22. 많한 경험이 있다. 감사하다.

23. 단칸방, 옥탑방, 반지하에서 살아본 경험이 있다. 감사하다.

24. 호기심이 많다.

25. 관심사가 다양하다.

26. 경험 부자다.

27. 진정성 있는 친구들이 있다.

28. 나를 도와주는 거래처 사람들이 있다.

29. 10년 넘게 갖고 있는 블로그가 있다.

30. 꿈같은 남미 신혼여행 사진이 있다.

31. 맛있는 보이차와 차판, 자사호(보이차 주전자)가 있다.

32. 요리를 잘하는 남편이 있다.

33. 내가 아프면 걱정해 주고 다가와서 애교를 떠는 남편과 자식이 있다.

34. 내가 쓴 책이 6권이나 있다.

35. 아무거나 잘 먹는다.

36. 뭘 먹어도 괜찮은(가능한) 건강한 몸이 있다.

37. 관찰력이 좋다.

38. 사람들에 대한 관심이 많고, 세상사를 빠르게 감지한다.

39. 글을 쓸 수 있는 능력이 있다.

40. 가르칠 수 있고 알려주는 것을 좋아한다.

41. 우리 가족이 탈 수 있는 차가 있다.

42. 나보다 더 깨끗하게 그릇을 씻어주는 식기세척기가 있다.

43. 마음에 드는 커피잔이 있다.

44. 내 마음대로 할 수 있는 자유가 있다.

45. 일할 수 있는 공간이 있다.

46. 향이 좋은, 마음에 드는 향수가 있다.

47. 창의적인 머리가 있다.

48. 긍정적인 마음이 있다.

49. 누렇지만 튼튼한 이가 있다.

50. 여드름 없는 매끄러운 피부를 갖고 있다.

51. 나이에 걸맞는 주름이 있다.

52. 친해지면 나오는 유머감각이 있다.

53. 콘텐츠를 가공하는 데 도움이 되는 어플과 이를 이용하는 능력이 있다.

54. 동영상을 편집할 수 있다.

55. 영하 30도도 거뜬한 따뜻한 겨울 점퍼와 부츠가 있다.

56. 예쁜 코트가 있다.

57. 익숙하고 소중한 노트북이 있어 많은 일을 할 수 있고 돈도 벌 수 있다.

58. 예쁜 침대가 있다.

59. 불빛 세기를 조절할 수 있는 침대 옆 스탠드가 마음에 든다.

60. 침대 옆에는 매일 읽을 책이 있다.

61. 나를 존중해 주는 남편이 있다.

62. 아침밥을 자주 차려주는 남편이 있다.

63. 덩치가 크고 힘이 세서 듬직한 남편이 있다.

64. 나와 세상을 바라보는 생각이 비슷한 남편이 있다.

65. 비염이 있다 (먼지와 날씨 감지가 빠르다).

66. 풀수기가 있다.

67. 긍정적이고 성격이 밝다.

68. 육아에 자신감이 있다.

69. 일거리가 많다.

70. 일거리를 만들어낼 수 있다.

71. 좋아하는 쥐포가 찬장에 여덟 장이나 있다. 이를 씹을 수 있는 이도 있고, 쥐포에 잘 어울리는 맥주도 있다.

72. 빨래를 각 잡아 잘 갠다.

73. 정리를 잘한다.

74. 캐리어를 완벽하게 잘 싼다.

75. 여행을 다녀온 나라들이 많다. 그래서 이야깃거리가 풍부하다.

76. 아이들과 여행한 나라의 사진들을 모은 나라별 앨범이 13권이나 있다.

77. 크리스마스트리가 있다. 반짝반짝! 한밤중에 물 마시러 나왔을 때 예쁘다.

78. 남편이 새로 사준 하얀 밥솥이 고맙다.

79. 여행 캐리어가 6개나 있다. 그중 3개는 10년째 튼튼하다.

80. 언제 꺼내 보아도 미소 짓게 하는 아이들의 초절정 귀여운 모습이 담긴 사진들이 있다.

81. 집에는 수백 권의 책이 있고 도서관에는 수백 권의 도서 대여 리스트가 있다.

82. 해외여행 노하우가 있다.

83. 복근이 있다.

84. 세계 어느 나라를 가서도 살아갈 자신이 있다.

85. 히든싱어에 오대영을 보기 위해 연습해서 김완선 모창을 할 수 있다.

86. 소중한 사람들과 나눈 편지를 많이 갖고 있다.

87. 예쁜 옷장가 있다.

88. 성능 좋은 따뜻한 전기장판이 있다.

89. 고프로가 있다.

90. AI로 편집프로그램 편집 시간이 빨라졌다.

91. AI로 책을 빠르게 번역할 수 있게 되었다.

92. 소시오패스와 진상을 구별할 수 있는 눈이 있다.

93. 아이들이 좋은 학교 선생님을 만나 감사하다.

94. 손목터널증후군이 있다. 무리하면 신호를 줘서 오버하지 않게 해줘 감사하다.

95. 족저근막염이 생겨 수영을 시작했다. 감사하다.

96. 아이들의 과거 일기장이 있다. 글씨체, 스토리, 그림이 너무 귀여워 볼 때마다 즐겁다.

97. 여전히 새로운 도전을 계속할 수 있음에 감사하다.

98. 명상을 할 수 있다.

99. 여러 감정을 알아차릴 수 있음에 감사하다.

100. 희망적인 미래를 상상할 수 있음에 감사하다.

결국,
지금 이 순간

난 행복하게 살고 싶었다. 우리 집에 경제적 문제가 생기면서 부모님의 다툼이 많아졌기 때문에 돈이 있으면 행복한 줄 알았다. 그래서 돈에 집착했다. 돈으로 교환할 수 있는 물질이나 성공의 지표가 되는 성과에 집착했다. 하지만 모두 짧은, 지속되지 못한 행복일 뿐이었다. 명상을 하며 또 다른 느낌의 행복을 체감하게 된 후에는 수도자의 길만이 행복의 길이라는 생각도 했다. 이토록 물질적인 세속에 사는 이상, 도저히 행복할 수 없다는 결론을 낸 적도 있다. 하지만 결국 내가 살아가야 하는 세상이었고, 그렇다면 이 세상에서 행복해야 했다. 그래서 노력했다.

내가 훗날 새롭게 발견한 것은 행복의 정의가 애초부터 잘못되었다는 것이다. 나는 돈이 생기거나 뭔가를 사거나 성과를 인정받거나 멋진 여행을 가는 순간이 행복하다고 생각했다. 그러나 지속적이지 못한 한순간의 행복이었기에 이를 위해 더 많은 시간을 애써야 했고, 이를 갈구하면서 불행해졌다. 짧은 행복을 추구하느라 긴 불행의 시간을 견뎌야 했던 것이다. 점점 지쳐갈 수밖에 없었다.

나는 행복을 잘못 인식하고 있었다. 행복은 그게 아니었다. 어떤 사람들은 내가 불행하다고 생각한 상황에서 행복하다고 말하고 있었다. 결국 행복은 '어떤 상황을 인식하거나 해석하는 나의 마음'이었다. 그렇다면 행복을 위해 필요한 것은 상황의 변화가 아닌, 내 마음의 시선과 해석 능력이었다. 여기에 집중하면서 행복도가 높아졌다.

감사의 마음으로 바라볼 수 있는 것, 즉 물질적인 뭔가가 생겨서 행복한 것이 아니라 아무 일이 없음에 감사를 느끼게 되었다. 물론 버티기 어려운 힘든 상황도 마주할 때가 있었지만, 그때는 이것이 내 삶에서 흘러 떠나가기를 기다렸다. 상황과 맞서 싸우기보다는 받아들이고, 불편한 마음 한 구석의 감정을 알아주고 위로해 주면서 나의 아픔과 고통이 스스로 떠나갈 수 있도록 기다렸다. 그렇게 내 자신을 더 알아가며 미숙한 내 모습도 받아주고 위로해 주고 응원해 주면서 나에 대한 사랑도 키워갔다.

이런 노력들로 행복의 빈도가 많아졌다. 일상에서도 불만보다는 감사의 감정을 더 많이 느끼고 감사하는 마음을 자주 갖고자 한다. 특별한 이벤트가 없어도 무탈해서 감사하고, 이 정도에서 끝나서 감사하고, 더 나빠지지 않아 감사하다.

우리는 행복을 뒤로 미루곤 한다. 나중에 올 행복을 위해 지금의 불행을 지속한다면 이 삶은 불행한 삶이다. 지금 행복할 수 있어야 하고, 행복의 기준을 낮춰서 감사와 행복의 빈도를 높여가는 것이 행복한 사람이 되는 방법이다. 그렇다고 어렵고 힘든 일을 피하고, 지금 재미있고 기쁜 것만 하라는 뜻은 절대 아니다. 오히려 어려운 상황에서도 감사할 것을 찾으려고 노력하고 힘든 상황을 받아들여 흘려 보낼 수 있는 사람이 되어야 한다는 뜻이다. 다시 말하지만, 행복은 완벽한 상황에서 나오는 것이 아니라 상황을 바라보는 우리의 마음가짐에서 오는 것이다.

결국 끌어당김 노트는 더 행복한 사람이 되기 위한 자기 연습도구이자, 나를 사랑하기 위한 대화 시간이다. 너무나 기다려지고 설레는 시간이기도 하고, 때론 마주하기 싫은 고통의 시간이기도 하다. 그럼에도 지속하게 될 것이다. 내 안의 새로운 모습, 미숙하고 유치한 어린아이의 모습, 엄청난 아이디어를 갖고 있는 지혜의 신인 그들을 계속 보고 싶기 때문이다. 어떤 상황이든 노트를 쓰는 모든 시간이 소중하고 가치가 있다. 끌어당김 노트를 통해 당신이 자신을 애정 어린 시선으로 받아들이고, 지금 이 순간에 머물며 지금 행복하기를 진심으로 응원하겠다.

내 감정이 잘 나오지 않아요.

연습이 필요하다. 평소 감정 표현을 억눌러온 사람일수록 더 서툴다. 표현도 서툰데 글로 적기까지 해야 하니 생각처럼 글이 써지지 않을 수도 있다. 계속 질문을 하면서 감정을 뽑아내는 연습을 하면 점차 나아진다. "그때 어떤 생각이 들었어? 어떤 느낌이었어?"라고 매 문장마다 계속 물어보자. 또 노트를 쓰지 않는 평상시에도 올라오는 감정이 있다면 그 감정을 알아차리려고 노력해 보자. 아, 지금 내가 화가 나는구나. 방금 분노가 올라왔어. 지금 너무 슬프다…. 감정을 알아차리고 질문하는 연습을 통해 점차 자연스럽게 감정이 표현될 것이다.

질문하기가 어려워요.

끌어당김 노트에서 질문은 가장 중요하고 가장 어려운 부분이다. 질문만 제대로 잘 한다면 좋은 답이 저절로 나오는 경우가 많다. 따라서 답을 끌어내기 어려운 것이 아니라 좋은 질문을 하기 어려운 것이 맞다. 이 역시 노트를 많이 써보고 다양한 질문을 해보면서 연습하면 점차 핵심 질문을 할 수 있게 될 것이다. 내 생각을 의심하고, 객관적으로 상황을 다시 보려는 시도도 좋은 질문에 도움이 된다. 먼저 책 속에서 제안하는 추천 질문으로 연습해 보길 바란다.

끌어당김의 법칙에 이 노트가 도움이 될까요?

물론이다. 나는 내 소원을 끌어당기려는 목적으로 끌어당김 노트를 쓰다가 나의 무의식과 대화를 시작하게 되었다. 노트를 통해 생각을 정리할 수 있기 때문에 내가 원하는 끌어당김 소원이 상충되지 않고, 이를 하나로 집중시키는 데 도움을 받을 수 있을 것이다. 게다가 내 감정을 알아차리고 감정을 전환하는 데에도 도움이 되기 때문에, 끌어당김 노트는 느낌이 현실을 창조하는 끌어당김 법칙에 매우 유용한 도구다.

끌어당김 노트 쓰기에 최적의 환경이 있나요?
끌어당김 노트는 내 속마음과의 대화 시간이다. 나와 가장 가깝고 나를 가장 잘 알고 있는 친구와 만나는 시간이다. 그러니 이 시간을 소중하게 여기며 온전히 상대에게 집중하는 시간으로 써야 한다. 어떤 환경이 내가 가장 집중하기 좋고 편안하고 내 속마음을 꺼내기 좋은지 생각해 보자. 그 환경에서 좋아하는 펜과 노트를 준비해서 작성해도 되고 노트북을 써도 된다. 규칙과 규정은 없다.

나는 주로 아이들이 잠든 밤 시간이나 아이들이 학교를 가서 혼자 집에 있는 시간에 노트를 펴곤 한다. 집 전체에 고요함이 흐르는 시간이다. 차나 커피를 한 잔 들고(밤에는 와인을 준비하곤 한다) 내가 좋아하는 노트와 잉크를 가득 채운 만년필을 준비한다. 그리고 가사 없는 피아노곡이나 명상곡을 유튜브에서 찾아 틀어놓기도 하고, 향초를 켜서 분위기를 잡기도 한다.

밤에는 침대에 기대 침대 옆 스탠드 불빛 아래에서 노트를 쓴다. 친구와 와인 한잔하면서 수다를 떨듯 이야기를 시작한다. 이 시간은 생각을 정리하는 시간이기도 하고, 궁금증을 풀어 해결책을 찾아내는 시간이기도 하며, 답답한 마음을 풀어내 감정을 조절하는 시간이기도 하다.

끌어당김 노트 쓰기는 감정 전환용이기도 하다. 나는 여행에 돈을 쓸 때 가장 기분이 좋다. 여행을 너무 좋아하는데 이런 기분을 그냥 보내기 아쉬워 비행기에서 노트를 써서 이 감정을 적어놓기도 하고, 호텔에서 자기 전에 오늘의 여행 감상을 적어놓기도 한다. 페이지를 펼치면 그때의 감정이 떠오르기 때문에 기분이 우울하거나 힘들 때 노트를 읽으며 기분을 전환하기도 한다.

끌어당김 노트는 정말 나의 친구 같다. 슬플 때나 기쁠 때 떠오르는 친구 말이다. 당신도 이 친구와 좋은 대화를 많이 나눠보길 바란다. 가장 편안한 곳에서 규칙 없이 자유롭게 나 자신과 만나보길 바란다. 당신이 가장 릴렉스할 수 있는 그 환경이 바로 끌어당김 노트를 쓰는 최적의 환경이다.

애씀의 삶에서
내맡김의 삶으로

난 오래토록 참 애를 쓰며 살아왔다. 그러다가 에너지가 소진돼서 지쳐 나가떨어지기 일쑤였다. 어느 날, 이렇게 계속 살아가는 건 불가능하다는 생각이 들었다. 퇴사를 하고 새로운 방식으로 하고 싶은 일을 하며 사는 삶에 도전하기로 결심했다. 세계 여행을 하면서 세상에는 정말 다양한 모습으로 살아가는 사람들이 많다는 것을 직접 눈으로 확인했다. 명상을 하면서 신비로운 마음의 세계를 알게 되었고, 임종 체험을 통해 삶의 우선순위를 정하게 되면서 예전의 조급함이 많이 사라졌다.

10대, 20대의 삶이 애씀의 삶이었다면 30대, 40대의 삶은 내맡김의 삶을 살고 있다. 하루하루의 삶 안에서 내가 좋아하는 일을 하기 위해 많은 시간을 할애하고 있고, 내 앞에 펼쳐지는 삶의 여정을 자연스럽게 받아들인다. 마치 바람에 흘러가는 배를 탄 것처럼 말이다. 바람의 힘으로 배는 조금 더 쉽게 앞으로 나아가고 있지만, 역시 이 배도 풍랑을 피할 수는 없을 것이다. 풍랑을 맞을 땐 그 안에서 경험하고 배워서 더 성숙한 인간이 되길 꿈꾼다.

애쓰지 않아도 굶어죽지 않는다는 사실을 알게 된 후, 나는 더 과감하게 내맡김의 삶을 살아갈 수 있게 되었다. 물론 항상 바람의 방향을 찾고자 노력하고 있고, 바람의 덕을 보고 싶어 끌어당김 노트라는 나만의 비밀 무기도 갖게 되었다. 노트를 쓰며 또 다른 나와 깊게 대화할 수 있게 되었고, 내 안에 내가 생각했던 것보다 더 대단한 지혜와 능력을 가진 존재가 있음을 알게 되었다. 그 덕에 삶에 감사하며 살아가고 있고, 나와의 대화 덕분에 더 나답게 자연스러운 모습으로 살아갈 용기도 얻었다. 내가 받았던 사랑과 위로, 지혜, 용기를 당신도 끌어당김 노트 쓰기를 통해 꼭 느껴보았으면 좋겠다. 이를 내게 공유해 준다면 나는 더없이 행복할 것 같다.

이제 당신의 배에 오를 차례다. 배에 올라타서 바람의 방향을 찾아라. 당신 안의 존재를 만나 도움을 요청해 보아라. 그 존재는 당신이 자신을 발견해 주기를, 자신의 이야기를 들어주기를 오래전부터 기다리고 있었다. 그 존재의 능력을 믿고, 자신이 원하는 삶을 향해 자연스럽게 항해해 보길 바란다. 우리 같이 아름다운 바다에서 만나자. 내가 주인공인 이 세상에서 행복한 항해를 떠나보자!